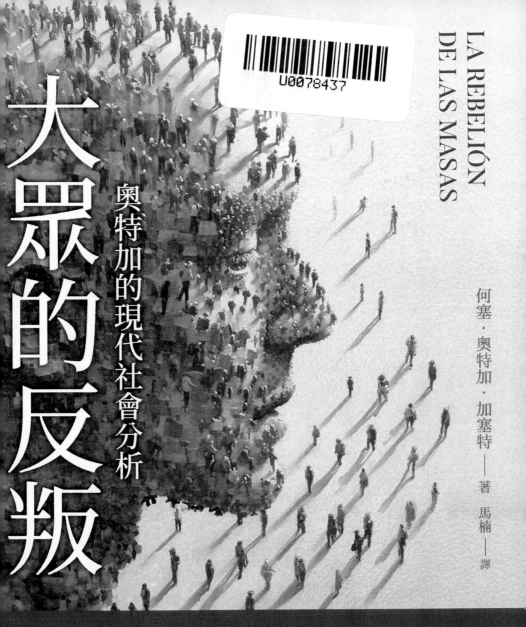

LA REBELIÓN
DE LAS MASAS

大眾的反叛

奧特加的現代社會分析

何塞‧奧特加‧加塞特——著

馬楠——譯

大眾的反叛！
共同打造更公正、遏止的世界

◎大眾文化如何塑造現代社會？　◎科技進步對社會結構的影響？

◎人民政治參□的機會與挑戰？　◎文化衝突與融合在社會變遷中的角色？

目錄

目錄

前言

在我 1921 年出版的《沒有脊梁骨的西班牙》（*España inver-tebrada*）一書中，在我 1926 年於《太陽報》（*El Sol*）上發表的題為《大眾》（*Masas*）的文章中，以及在我 1928 年對布宜諾斯艾利斯的藝術之友協會的兩場演講中，我都曾探討過本書將要詳細展開的主題。這本書的目標是梳理所有此前發表過的內容，令其成為一種關於我們這個時代最重要事實的成體系的學說。

前言

第一章　大眾降臨

　　無論有益與否，當前歐洲公共生活中一項占有極度重要性的事實，就是社會權力開始被膨脹中的大眾所有。從定義上來講，所謂大眾，既不能為其自身的存在掌舵，也罕有統治社會的能力，因此這一事實實際上反映出歐洲此刻正面臨著最為嚴重的危機，極有可能禍國殃民，甚至動搖文明的根基。歷史上，此類危機並不稀奇，無論其特質還是結果都已為人所周知。同樣熟悉的還有危機的名字，我們稱之為「大眾的反叛」。為了真正理解這一可怕的事實，從一開始就避免賦予諸如「反叛」、「大眾」、「社會力量」等詞語以排他且先入為主的政治性色彩極為重要。社會生活並不僅僅是政治性的，理智、道德、經濟、信仰同樣重要，甚至更加重要 —— 人類共通的生活習性全部涵蓋於其中，同時包括在服裝和娛樂等方面的流行風尚。或許想要理解「大眾的反叛」這一歷史現象的最佳策略，就是將我們的注意力聚焦在可視的經歷上，透過每雙眼睛都已經習以為常的畫面來凸顯我們所處時代的這一側面。

　　要想將這一現象闡述清楚並不困難，但是深入分析則是另外一回事。我將其統稱為「凝聚」的事實，或者「群集」的事實：小城鎮人滿為患，出租屋供不應求，酒店一房難求，火車上座無虛席，咖啡館裡萬頭攢動，公園裡散步者比肩繼踵，名醫的

　　診療室裡病人絡繹不絕，劇場裡觀眾場場爆滿，海灘上也擠滿了趕來游泳的人。總而言之，一種在過去不會構成任何問題，如今卻已經快要成為日常慣例的麻煩就是：尋找空間。

　　這就是造成全部問題的源頭。在我們的現實生活中，還能找到什麼更簡單、更顯而易見，並且更恆久不變的事實嗎？如果我們戳破以上觀察到的平淡無奇的表面，一定會為噴湧而出的泉水所驚訝，生活中我們切實擁有的每一個日常中的每一道白光，都被分解成豐富多彩的光譜。我們從中看到了什麼？令我們驚訝萬分的景象究竟是什麼？究其本質而言，我們看到了人群，看到人群在占有著由文明創造出的一切空間與工具。如果稍加沉思，我們就會因為自己的驚訝之情而生出更多的訝異：那又怎麼樣？難道這不是事物所能達到的最完美狀態嗎？劇場裡的座位本就是提供給觀眾的，同樣的道理，建造出來的房屋也是旨在為人所占有。但它們現在超負荷了，很多真正急切需要的人卻被拒之門外。雖然上述現象非常合乎邏輯，其發生也是自然而然，但我們卻不得不承認，過去從沒出現過的情況如今已經變成了不爭的事實。作為結果，改變和創新必將發生，並且至少會在最初的階段證明我們之所以會驚訝是多麼合情合理。

　　去驚訝，去質疑，正是理解的開始。這是一項享樂，一種奢侈 —— 尤其是對知識分子而言。在他們所屬的那一類人群中，面對世界時充滿好奇地雙目圓瞪正是最典型的姿態。在保

持開放狀態的目光裡，世界上的每一件事情都陌生而充滿奇趣。所謂的足球迷肯定對這種神奇的樂趣感到無所適從，但從另外的角度來說，知識分子卻會在其引領下度過夢想家般永久迷醉的一生。眼中的好奇正是知識分子與眾不同的天賦，正如古人將雙目炯炯有神的貓頭鷹賜予密涅瓦（Minerva）一般。

群集、滿溢，這在以前並非常見。為什麼現在比比皆是了？充斥在我們身邊的大眾並非憑空而降。顯而易見的是，十五年前同樣存在著近似數量的人群。實際上，經歷過第一次世界大戰後，似乎他們的數量變得更少才比較合乎情理。然而，這也正是此處我們要提出的第一個重要觀點：組成人群的個體始終存在，但不是以大眾的方式。他們以小團體或者隱居者的形態分居於世界各地，他們的生活——至少從外表看來——是相異的、割裂的、分離的。每個人或者每一小集體各自占有一方水土，那是屬於他們自己的領地，無論是田野、村莊、城鎮，還是大城市的角落。

而如今，他們突然之間以一種聚集體的形式出現，無論我們將目光投向何方，都會與大眾迎面相對。他們出現在各個方向上，或者更確切的說法應該是出現在最好的地方，那些人類文化相對文明之所在，那些過去僅為較少集體——換言之，少數菁英——所保留的地方。

大眾在驟然間變得無處不在，將自己的身影擠進社會更優

越的位置上。而在過去，如果所謂大眾也曾存在過的話，那麼他們至少是悄無聲息的，安守作為整個社會背景的身分；而現在他們卻走到了聚光燈下，並扮演起主要角色。再沒有真正的主角，剩下的只是合唱團。

　　人群的概念是定量並且直觀的。在不改變其性質的前提下，讓我們將它轉化成一個社會學術語，於是，我們就認識了所謂「社會大眾」的概念。社會從來都是兩方面因素構成的動態集合體：由極具天賦之個人或團體構成的少數派，以及由資質平庸者聚集而成的大眾派。請注意，此處所說的「大眾」，並不能單純或主要地理解成「勞動人民」。大眾代表著庸常者。

　　以這個角度來看，那麼單純的數量概念 —— 人群 —— 也就變成了性質的決定性因素：他們構成了普遍的社會特質，人與人之間無甚差異，不過是在重複著一個通用的類型。當數量如此這般轉化為質量之後，我們能從中看到什麼嗎？很簡單：質量讓我們得以理解數量之起源。其中的道理顯而易見，以至於近乎陳腔濫調：所謂大眾的形成往往意味著構成其個人的慾望、想法、生活方式等的不謀而合。可能會有反對的聲音指出這是每個社會都必然會出現的情況，無論它自視何等卓爾不群。雖然所言甚是，但兩者之間卻存在著本質的差異。

　　在那些並不以人數眾多或群集為特徵的團體裡，成員之間默契的形成依靠的是願望、觀念或理想的契合等，其在本質上

就已經將大多數人排除在外。為了形成一個菁英團體，無論是哪一種類型，一個必要的前提條件就是每一位成員要以特殊且相對個性化的原因將自己與大多數區分開來。在菁英團體中，成員們彼此之間關係的締結，次要於並讓位於他們首先各自建立起的獨具個性的態度。正因如此，在相當程度上，團體中的一致關係並非基於字面的「一致」而實現。放眼望去，團體中不乏展現個體性特徵的範例：比如英國自稱「非國教徒」的團體，成員之間唯一達成的一致就是自己與人群的不一致。而恰恰正是這種想要將自己與大眾區分開來的願望，構成了形成菁英團體所必需的動因之一。在說到只有有限的聽眾能領略到音樂家創造的高雅藝術時，馬拉美（Stephane Mallarme）詼諧地表示，正是寡淡的上座率提示了大眾的缺席。

嚴格意義上來講，大眾作為一個心理學事實，不必非得等到由個人開始形成團體才可以被定義。即使只有一個人，我們也能夠清楚地判斷出他是否屬於「大眾人」。大眾人毫不在意自己作為獨立個體在某一特定領域的價值 —— 無論好還是不好，而是透過自己「是否與其他人一樣」來做出判斷，對此他非但不會感到任何困擾，事實上，反而會因為自己與他人的相似而倍感欣慰。想像一位謙遜的紳士，他會嘗試將自己的價值建立在某一特定領域之中 —— 不斷叩問自己在此方面是否具有天賦，或者是否在某一方面顯現出過人之處，哪怕意識到自己並不具

有特別的才能，哪怕感到自身的普通和資質的平庸，卻也不會自視為「大眾人」。

當有人談起「菁英團體」的時候，經常會有不軌之人試圖扭曲這一表達背後的真意，假裝並不知曉天選之子並非自以為高人一等的暴躁之徒，而是指對自我要求遠高於他者之人，即使其中有些要求是他本人所難以企及的。毫無疑問，從根本上可以將人分為兩大類：一類是對於自己嚴格要求，不畏懼面對困難和肩負責任的人；另一類是對自己沒有任何特殊要求，視保持現狀繼續活下去為重中之重的人。後者不會向著完美的方向付出任何努力，與其迎風作戰，不如隨波逐流。

這令我想起了傳統佛教包含的兩大獨特的信仰體系：一種更嚴格也更困難，即主大乘、大道的大乘佛教；另一種更容易和安逸，也就是主小乘、小道的小乘佛教。決定性的因素在於我們將自己的生命與此道還是彼道建立起連繫，將對自己的要求發揮到極致還是盡量小而化之。

另外，對社會進行大眾與菁英的分類，並不等同於社會階級的劃分，而是對兩類人進行區分，顯然與「上流」和「下等」的階級分類不可一概而論。當然了，在「上流社會」中 —— 只要他們名副其實的話，想要找到持「大乘」之法的人有更高的實現機率，而「下等社會」的構成中則多為資質欠缺者。但從嚴格意義上來講，在兩種社會階層中，都同時存在著大眾和菁英。

就像我們將要看到的那樣，我們這一時代的一大特徵就是，即使在那些傳統意義上精挑細選出來的團體中，也充斥著大眾和粗鄙者的噪音。相應地，在以資質為重要需求及先決條件的知識分子團體中，也可以發現偽知識分子 —— 即那些不勝任的、按照智力量表並不具備資格的人 —— 正在不斷彰顯著存在感。同樣的情況也發生在那些倖存的「貴族」團體中，無論性別為何。但另一方面，在那些過去可能自然而然被視為「大眾」的勞動人民團體中，卻存在著一些具有崇高思想的人。

社會上存在著種種極具多樣性的經營、活動和職責，它們全都具有其各自特殊的規律和性質，缺乏專門資質自然難於應付。例如，某種藝術或者審美的享受，政府職能及其對公共事務的政治判斷等。在過去，這些特殊活動的參與者僅局限於具有相應資格的少數派菁英，或者至少是那些自以為具有資格之人。大眾對此沒有任何干涉的權力。他們很清楚，如果自己想要擁有發言權，那麼首先必須具備相應的專屬技能，並不再從屬於大眾團體。他們對自己在一個有序執行的動態社會體系中的位置有著清醒的認識。

如果我們這時再回頭看看在本文一開始時提出的問題，就能很清楚地看出其中大眾態度發生變化的徵兆。這些全都意味著大眾決定走向社會生活的前沿，占領有利地勢，使用設施，並享受迄今為止僅為少數團體所保留的樂趣。比如說，有些地

方顯而易見根本不是為大眾而設，因此它們的空間極為有限，但如今擁擠的人群卻持續不斷。這種現象充斥著我們的雙眼，顯然形成了一種嶄新的現象：大眾，非但不會產生身為大眾的自知，並且還在試圖取代少數派菁英。

我相信沒有誰會為如今的人們比以往任何時候都更充分地享有自我而感到遺憾，因為當下的人們既有願望，也有自我滿足的手段。然而，該事實的邪惡之處在於，大眾試圖攫取的那些本屬於少數派的活動不僅也不可能僅僅局限於享樂領域，攫取正在我們這個時代普遍發生著。因此，可以預測一下我們以後會看到什麼，我相信當代的政治變革無非印證著大眾對政治的支配。舊民主政治曾一度被自由主義和對法律的熱情所緩和。為了服務於這些原則，個人必須對自我嚴加管教限制。在自由主義原則以及法治的保護傘下，少數派得以存續。民主與法律 —— 在法律之下的共同生活 —— 是一對同義詞。但是在今天，我們正親眼見證著一場由大眾直接領導的「超民主」的勝利，他們凌駕於法律之上，直接以物質壓力的方式強制推行他們的願望和欲求。對新形勢的一種錯誤解讀就是認為大眾正在對政治感到厭煩，並將實權移交於真正有資格的人士。事實恰恰相反。

實際上，過去的情況確實是這樣，即所謂的民主。那時的大眾尚能無視少數派自身的缺陷與不足，將他們比自己更了解政治問題視為理所當然的事實。與此構成鮮明對比的，是現在

的大眾卻相信自己有權強制推行那些誕生於咖啡館裡的胡思亂想，並賦予其法律效力。我很懷疑歷史上是否還有過另一個時期，大眾比如今更為直接地行使統治權。這也正是我稱其為「超民主」的原因所在。

在各個不同的領域都能看到上述情況的出現，尤其是在知識方面。我當然存在出錯的可能性，但當現在的作家準備就一個深入研究過的主題提筆行文時，潛意識裡更為在意的卻是那些對此一無所知的普通讀者。他們所考慮的讀者，其閱讀目的並非從作者處了解些什麼，而是為了評斷作者發表的想法是否與他們腦中的陳腔濫調相一致。如果構成大眾的個人自詡極具資質，那必然純屬個人錯誤，而並非社會學意義上的顛覆。但當前時代的典型特徵卻是，充滿陳腔濫調的頭腦雖然意識到自己說的都是陳腔濫調，卻還是厚顏無恥地為所有陳腔濫調爭取著權利，並且在任何可能的空間裡施加其影響。就像人們所說，在美國「與眾不同是不得體的」。大眾碾壓一切卓爾不群的事物，一切卓越的、個人化的、有資質的，以及精華的事物。倘若有誰膽敢卓爾不群、敢持有迴異的觀點，就將面臨慘遭淘汰的風險。其中有一點很清楚，大眾中的「每個人」其實並非真正意義上的「每個人」。正常情況下，「每個人」中包含著群眾以及各種相異的存在，尤其是少數派團體；而如今，「每個人」是僅針對大眾而存在的概念。

　　至此，我們應該能看到存在於我們這個時代的可怕之處了，其殘酷無情的特質已不加任何掩飾地表現出來。

第二章　歷史水準上升

以上，就是對我們時代特徵的野蠻本質完全不加修飾的闡述。

更進一步來講，實際上它在現代文明的發展歷程中是一個全新的產物，在現代文明的整個演化過程中，從未出現過任何與之相似的事物。

如果我們一定要找到一個類似現象，那麼就不得不跳出現代史的範疇，將自己沉浸在一個截然不同的環境裡。我們將須穿越至古代世界，直至抵達衰落開始的那一時刻。羅馬帝國的歷史同樣也是大眾帝國的興亡史，大眾同化並廢止了少數派的領導，將自己放置在他們的位置上，從而在羅馬帝國也就同樣誕生了凝聚和「人滿為患」的現象。

出於這樣的原因，就像史賓格勒（Oswald Spengler）曾仔細觀察到的那樣，修建巨大建築物的必要性堪比我們的時代。大眾的新紀元就是一個推崇宏大的紀元[01]。我們活著，在大眾的野蠻帝國的陰影下活著。正因如此，到目前為止我已經兩次將其稱之為「野蠻」，並以此作為我對平庸之神的禮讚。

分析至此，入場券已經到手，我們終於可以雀躍地進入劇

---

[01] 這個過程的悲劇性在於，伴隨著群集的形成，農村人口卻開始不斷下降，最終結果只會是帝國居民數量的絕對減少。

場，深入內部觀看演出了。或許有人會認為我所做出的此番描述已經足夠充分，但實際上它們雖然可能是精準的，卻仍舊流於表面：它們僅僅是在以過去的視角審視這一驚人事實時，看出來的一些特徵和表面現象。如果我就此打住，將所闡述之事棄之不顧，將文章絞殺於此而不做任何解釋的話，那麼讀者完全有理由認為歷史層面上大眾這場難以置信的反叛僅僅激發我說出了一些憤怒又倨傲的言詞，令我產生相當的憎惡以及作嘔之心。但就我而言，一切遠不止如此，尤其是眾所周知，我對歷史持有一種激進的貴族式解讀。稱之為激進，是因為我雖從未說過人類社會應該是貴族式的，但我所持有的態度遠高於此。一直以來我都相信——並且這份確信感與日俱增，無論人們是否願意承認，人類社會究其本質而言，始終都是貴族式的。更極端的說法就是，只有當它是貴族式的，才可以稱之為一個社會；如果沒有了貴族制，其甚至無法作為一個社會而成立。不過要弄清楚一點，我現在說的是社會而非國家。沒人能夠想像，面對大眾洶湧澎湃的群情激昂，所謂恰當的貴族姿態竟是像凡爾賽紳士那樣擺出一副目空一切的嘴臉。凡爾賽式的高傲姿態當然不能代表貴族，恰恰相反，它象徵著體面的貴族制的終結與消亡。因此，在這些人身上殘存的唯一貴族氣質，就是在將脖子送上斷頭臺時表現出的不卑不亢。他們對此安然接受，就像手術刀下接受命運的腫瘤。不，對於任何對貴族的真正使命有所意識的人而言，大眾的異象只會將他點燃，就像

雕塑家面對一塊未經錘鍊的大理石時感到的那樣。真正的社會貴族與那些以社會的名義自居、自稱為「社會」的小團體沒有任何相似之處，後者只不過靠著互相拉幫結夥為生。鑑於世上萬物自有其美德與使命，因此在廣袤的世界上，「小社會」也勢必自有其存在的道理，但其任務實在微不足道，難以與真正的貴族們所肩負的海克力斯式的重大使命相提並論。我本來對討論一番這些小社會究竟有什麼意義並沒什麼偏見，哪怕一切看起來根本不值一提，但顯然此刻我們的主題更為宏大。當然了，如今這些千篇一律的小社會也開始了隨波逐流的歷程。一位青春洋溢、充滿著現代氣息的年輕女孩，也是馬德里「貴族世界」裡的一線明星滋養了我此番想法，因為正是她告訴我：「來賓不足 800 人的舞會簡直讓我難以忍受。」從她的言詞中我得以察覺到大眾的風格已經占據了現代生活的各個角落，甚至已經將自己的勢力擴張到那些過去為「幸運的少數派」所保留的避難角落裡。

　　不過，我同樣反對在對我們的時代進行解讀時，或是對於大眾統治背後的積極意義視而不見，或是懷著喜悅之情、不帶任何憂懼地全盤接受。每一種命運都是激動人心的，但從最深層的意義上來講，又都是充滿悲劇色彩的。我們伸手就能感知到時代暗湧著的危險，任何對此毫無覺知的人，都沒有真正洞察到命運的玄機，他的目光僅僅掃過了一切的表象。時代中

我們命運包含的恐怖元素，來自於大眾壓倒性的、暴烈的道德反叛；這反叛來勢凶猛、難以匹敵並且危險重重，就和每一種情況之下的命運一樣。它要將我們引領向何方？它究竟是全然邪惡的，還是保留有一絲好轉的可能性？它就在那裡，異常巨大，像一個巨人、一種宇宙的音調那樣凌駕於我們的時代之上，它總是無定形態，有時候彷彿斷頭臺或者絞刑架，有時候又更似一座凱旋門。

我們必須進行仔細探索的現象可能沿兩個方向展開：第一種，大眾在如今社會生活中發揮的作用似乎與少數派迄今仍得以保留的作用是一致的；另一種，大眾同時對少數派表現出了難以馴順的態勢 —— 既不順服，也不跟從或尊重，反而在試圖取而代之。

讓我們來分析一下沿著第一個方向會得到什麼。在我看來，如今的大眾樂於享受少數派創造的快樂，使用他們發明的工具，而那些在此之前都僅服務於後者。他們開始對過去被視為奢侈的東西產生欲求和需求，而那原本是只屬於少數派的財富。舉個比較細枝末節的例子來說：在 1820 年代的巴黎，私人住宅中是沒有浴室的，可以參考《德布瓦涅伯爵夫人的回憶錄》（*Memoirs of the Comtesse de Boigne*）。除此之外，如今的大眾還對相關技術了然於心，很多技藝在過去只為少數特定人群享有。

而且這裡指的還不單純是物質技術帶來的好處，更為嚴重

的是還有法律以及社會給予的便利。在 18 世紀，正是少數派首先意識到每個人僅從出生意義上來講，即使沒有取得任何特殊資格，也享有最基本的政治權利，即所謂的人權及公民權，而更嚴格地說，這些權利是所有人共享的，是唯一真正為他們所擁有的權利。其他任何與某一特殊天賦相關的權利，都被貶損為特權。最初，這僅僅是一個小小的理論，是一小部分人所持有的觀點；隨後，出現了一些人開始不斷將其付諸實踐，強制並持之以恆地對其加以推行。儘管如此，在整個 19 世紀，雖然大眾已經將種種權利視為理想並表現出日益高漲的熱情，他們並不認為一切理所當然，也沒有付諸實踐或試圖將其推廣開來。實際上，哪怕生活在民主法制的時代，他們也仍舊認為自己生存於舊政權之下。「人民」—— 那時的大眾這樣稱呼自己 —— 雖然已經意識到自己擁有的權利是至高無上的，但對此並不抱以信心。如今，理想變成了現實。不僅是在構成了公共生活基本框架的法律方面，更進入了每一個體的內心深處 ——無論該個體持有的是何種立場觀點，甚至哪怕他在觀點上是個保守派，也就是說，即使他攻擊和苛責由這種權利形成的制度，他對權利本身卻並不持有異議。在我看來，如果有誰還沒有意識到大眾的這種古怪的道德狀況，那麼也就無從談起對當前世界正在發生之事情的理解。資格不足的個人如此不受約束地享有至高權利，已經從一個法律觀念或者理想，變成了一種普通人固有的心理狀態。尤其值得指出的是，當過去的理想與

現實融為一體後，也就不可避免地再難以稱之為理想。那些曾經作為理想而生發出來的聲望與魔力，亦將隨之煙消雲散。在充分民主的啟發下產生的平均化要求已經從渴望和理想變成了欲求和無意識的假設。

　　如今，這一人權宣言的意義無非是要將人類靈魂從其內心的奴役中解放出來，並將明確的掌控感和尊嚴感植入其中。人們希望的不正是如此嗎？換句話說，人們希望的不就是讓普通人感到自己是主人，是自我以及人生的主宰者嗎？是的，如今已經完全實現了。既然這樣，那麼對三十年前自由主義者、民主主義者以及進步人士發出的那些抱怨又該作何解釋呢？還是說人們就像小孩子似的，想要得到一些東西，但到手後又很快失去興趣，一切都只是一時興之所至？如果你想讓普通人成為主人，那麼就不要因為他表現出自我、因為他要求盡情享受、因為他堅決維護自己的意願、因為他拒絕提供任何服務、因為他不再恭順於任何人、因為他只考慮個人和安逸、因為他開始講究穿戴而感到寢食難安。所有這些特徵勢必永遠伴隨著對主人身分的認知而產生。只不過如今我們看到它們出現在了普通人的身上，也就是出現在了大眾身上。

　　情況就是這樣：如今普通人的生活由同樣的「關鍵因素」（vital repertory）所構成，而那過去只是少數派的特質。現在，普通人代表著每一時期的歷史活動領域，他們之於歷史就像海

平面之於地理學。因此，如果當前的平均水平面處在一個過去只有貴族階級才能達到的基準上，那麼也就意味著歷史的水平面在隱祕地長期準備之後 —— 事實上的確如此 —— 忽然間上升，在一代人的時間裡突然發生了顯著的躍升。人類的生活水準，以一個整體的規模得到了提高。就以現在的士兵為例，我們可以說，他們都充滿了軍官的氣質；而整支軍隊簡直就是由軍官所構成的。我們輕而易舉就可以觀察到如今的個人是如何充滿能量、決心以及從容地過完一生，他們抓住轉瞬即逝的快樂，強勢地實現著個人意願。

在眼下以及不遠的將來會出現的每一種情況，無論好壞，都能在歷史水準面的普遍上升中追溯到其根源。但是，有一項尚待觀察的事實如今已經浮出水面：現代生活的普遍水平面在過去僅有少數派得以企及。這在整個歐洲都是件新鮮事，但美國人卻早已對此習以為常，視之為理所當然。為了更好地闡明我的觀點，請讀者們考慮一下法律面前眾生平等的意識形態。那種感到自己是自我之主宰、人人平等的心理狀態，在歐洲僅實現於那些傑出的少數團體；而在美國，自 18 世紀以來（實際上對美國來說也就是有史以來）都再自然不過。更為巧合也更引人深思的是，當這種心理狀態也出現在歐洲的時候，當一個人的存在感開始增強的時候，歐洲生活各個方面的基調以及規矩突然呈現出一個嶄新的姿態，以至於很多人不禁慨嘆：「歐洲正

在美國化。」發出這樣的聲音之人顯然對眼下的問題缺少更深入的認識；他們以為一切不過是習慣和風尚稍作變化的小問題，並且為事物的表象所矇蔽，將其歸結於美國對歐洲造成的影響或是其他類似的東西。在我看來，這種觀點是在將一個更為微妙且充滿驚奇的深刻問題庸常化。

　　一種故作姿態的、殷勤的態度正試圖誘使我告訴大洋對岸的兄弟們，歐洲確實已經日漸美國化，而這一切全部要歸結於美國施加給歐洲的影響。但是不行；真正的事實存在於這份殷勤的對立面，而且它必須被昭示出來。歐洲非但沒有正在美國化，事實上甚至都沒有受到多少來自美國的影響。或許兩者間的種種關聯此時此刻才開始顯現，但卻絕非自過去埋下之種子綻放出的花朵。一大堆令人困惑的錯誤觀點將我們團團圍住，美國人以及歐洲人的視線全部被遮蔽。之所以大眾會取得勝利，並且出現隨之而來的生活水平面的顯著上升，在歐洲經歷了兩個世紀的大眾教育以及經濟的平行發展後是有其內在之根源的，但其結果卻剛好與美國生活中最顯著的某一方面相吻合。由於歐洲和美國的普通人在道德狀態上這一碰巧吻合的緣故，使得歐洲人第一次對美國人的生活有所理解，在此之前，那對他們而言簡直就是不可思議之謎。因此，毋庸置疑這不是一個關於影響力的問題，雖然聽起來有些奇怪，但它實際上事關「反影響力」（refluence），或者換個更容易接受的說法就是所

謂的「平均化」（levelling）問題。歐洲人產生了一種影影綽綽的認識，以為美國的生活水準顯然高於舊大陸。在不做進一步分析的前提下，僅憑關於此事的第六感和強烈的直覺，便產生出了廣為接受且從未遭受質疑的觀點，即美國正孕育著人類的未來。總有一天我們會了解到，這樣一個流傳甚廣且根深蒂固的觀念是扛不住風雨洗禮的，就像人們說的那樣，生長於空氣之中的蘭花是毫無根基的萍藻。上述想法的根源在於人們發現美國人普遍生活水準較高，但實際上，那裡少數派菁英的生活水平若與歐洲相比仍舊相形見絀。正如農業從山谷而非高地汲取養分一樣，歷史也是為普通人的社會水準而非傑出者所滋養。

我們生活在一個平等化的時代：機遇、不同階級的文化以及性別都在追求平等。與此同時，平等化也發生在大陸之間，雖然從生命力的角度來看，歐洲過去相對處於劣勢，但在如今的平等化過程中卻成為受益者。因此，從這一點來看，大眾的崛起也就意味著生命可能性的無限增加，與我們反覆聽到的歐洲衰落說大相逕庭。歐洲衰落說是一個引起混淆並且不恰當的表述，因為它並沒有闡明究竟所指為何，即衰落的究竟是歐洲大陸還是歐洲文化，又或者是潛存於這一切背後的東西 —— 歐洲的生命力，顯然最後這一點更為重要。

對於歐洲大陸以及歐洲文化，我們可以稍後另做分析 —— 雖然我們之前談到的那些可能也已經足夠了，但是至於生命

力，最好從一開始就做出說明：我們正處於一個惡劣的錯誤之中。或許如果我將這個論斷換一種說法來講，就會讓它顯得比較有說服力，或者最起碼不那麼容易招人質疑。那麼，我就要指出，如今普通的義大利人、西班牙人，或許還有德國人，與三十年前相比，在生命力方面與北美洲或阿根廷人已經相差無幾。而這正是美國人所不能忽視的事實。

第三章　時代的高度

　　如此看來，大眾的統治其實也帶來了有利的一面，因為它意味著歷史水準面的全面上漲，並且揭示出如今生活的平均水準相比過去正朝著一個更高的方向發展。這讓我們意識到，生活可能有不同的水準，而當人們談到我們時代的高度時，總在不經意間忽略掉了其中暗含著的某種深意。因此，在這裡我們最好稍微停下來仔細思考一番，因為該觀點將為我們闡述時代最驚人的特點提供方法論。

　　例如，有人說這件或那件事配不上某一特定時代的高度。然而實際上，他們口中的「時代」並不是整個時間長河裡年代學意義上的抽象時間，而是每一代人稱之為「我們的時代」的生命時間。它通常具有其獨有的高度：當下超過了過去，或者保持同等程度，也可能不如以往。衰落一詞中所包含的下降意味正來源於對生命時間的這般直覺。與之相似的，每個人都能或多或少地感覺到，自己的生命與所經歷的時代高度之間的關係。身處現實生活的種種表現之中，有些人會覺得自己就像是身處失事之船上的人，難以將頭透出水面，保持呼吸。如今事物發展的速度之快，傾注於每一成就之中的能量以及精力之巨，都令墨守成規之人倍感痛苦，而他們的痛苦正是源於丈量到了自身脈搏與時代脈搏之間的落差。另一方面，與現實真實模式充

分磨合且適應甚好的人，則對我們的時代與往日水平面之間的關係有著清楚的認識。那麼，在兩者之間是怎樣的關係？

　　總有一些人認為從前比不了現在，理由僅在於那都是過去的了。對此，只要重溫一下豪赫‧曼里奎（Jorge Manrique）的話就足以證偽了：「一切盡在往日時光。」但同樣，詩人的話也不是正解。雖說鮮有哪些時代會覺得自己相比前代低等，但也不是所有時代都覺得自己比以往任何時候都更高貴。關於生命高度的這一奇怪現象，每一歷史時期都表現出不同的態度，而令我感到意外的是，竟沒有任何思想家和歷史學家注意到這麼明顯又關鍵的事實。

　　粗略說來，豪赫‧曼里奎所描述的或許代表了最為普遍的一種態度，即大多數的歷史時期並不視自己比以往的時代更加高等，恰恰相反，更為常見的情況反而是人們幻想在一個模糊的過去裡存在著更好的時代、更充分的生活，一個「黃金時代」—— 就像古希臘和羅馬曾經描繪過的那樣，就像澳洲土著中流傳的神話所講述的那般。這就意味著這些人感到自己的生命缺少豐沛的活力，無法令熱血充斥每一根血管。出於這方面的原因，他們對過去、對「古典」時期報以敬意，認為那時的生活更充實、富足、完美，並令人熱血沸騰。當他們回首往事，賦予那些時代以更高的價值時，顯然並不會感到自己正凌駕於過去之上，而正相反，他們認為自己遠遠落於其後，就好像溫

度計上的某個顯示數字，如果它有意識的話，可能只會覺得正是因為自己缺乏更多的熱量，才無法成為更高的溫度。自西元150年起，這種生命力萎縮、德不配位、脈搏衰弱乃至止息的風氣就在羅馬帝國裡日益氾濫。賀拉斯（Horace）不是已經吟唱道了嗎：「我們的父輩啊，比我們的祖輩還要卑劣，他們將更加邪惡的我們帶到人世，只為讓我們留下無限墮落的子嗣？」此後的兩個世紀裡，在整個帝國已經找不出具有足夠勇氣來勝任百夫長一職的義大利人了，以至於不得不僱傭優秀的達爾馬提亞人以緩解燃眉之急，到最後更是淪落到要從多瑙河和萊茵河流域的野蠻人中招募人選。與此同時，女人們的生育能力還在不斷下降，加劇了義大利人口的不斷縮減。

讓我們再將目光轉向另一個坐擁生命激情的時代，似乎剛好站在上一種情況的對立面。因此，也就有了一個非常奇怪，但同時極其重要的現象需要我們仔細思索。

在不到三十年前，政治家們習慣在大眾面前發表演說，他們習慣性地對當前的政府以及政策制度指指點點，譴責它們之於發展的時代是沒有價值的。現在再回頭去看圖拉真（Trajan）寫給普林尼（Pliny）的那封著名信件難免會感到驚訝莫名，因為我們能在信中看到他寫下了同樣的看法，並建議普林尼不要以莫須有的罪名去迫害基督徒，畢竟那不是「我們這個時代的精神」。當然了，歷史上存在過各個不同的時期，都認為自己達到

了充分的、切實的高度，相信已經抵達跋涉的終點，長久以來的願望終得實現，希望總算被徹底滿足。這是「時代的豐收」，是歷史生活的全面成熟。實際上，早在三十年前，歐洲人就已經相信，人類的生命已經實現其本真的樣子，那是數代人孜孜以求的目標，從此以往人們將以此為共同的基點。這些極大豐富的時代總將自己視為其他各預備期 —— 那些早於他們的、相對匱乏的時期 —— 的集大成者，只待時間至此，花香滿徑。從這一高度看來，那些預備時期給人留下的印象是，生活不過是種種渴求而難以企及的慾念，種種不被滿足的慾望以及渴望的前兆；那是一個未竟的時代，人們在確切的抱負和難以與之匹敵的現實之夾縫間苦苦掙扎。19 世紀人們眼中的中世紀以及其本身正是如此。美夢成真的一天終於到來了，那些過去的、年代久遠的願望終於被徹底實現了，現實接受了人們的意志並屈從於此。我們已經達到了曾視為理想的高度，實現了曾無限嚮往的目標，走上了時間與時代之巔。

　　「革命尚未成功，但勝利終將屬於我們。」這就是我們的父輩以及那一代人整個世紀以來對所處的時代持有的態度。我們有必要記住一點，即我們的時代是緊跟在一個自視實現了物質的極大豐富的時期之後到來的。因此無可避免地，那些生活在我們時代對岸的人，那些生長於剛剛過去的充分發展的時代之人，從他們個人的立場來看，會堅信我們的時代無疑正承受著

顯著的衰落，或者說會成為一個衰退沒落的時代。作為歷史永遠的學徒以及時代脈搏富有經驗的感受者，他們不會被這一建立在虛妄的繁榮時期之上的體系所折射出的光芒矇蔽雙眼。正如我已經說過的，為了所謂的「時代充分性」的實現，已經醞釀了長久的慾望，它拖曳著焦灼與渴望跋涉了長達幾個世紀的路途，終於抵達了滿足的終點。因而實際上，充分的時代屬於躊躇滿志的時代，偶爾會像在 19 世紀時那樣，超越了自我滿足的局限。但是如今我們已經開始意識到，這幾個世紀太自給自足、太過於完美自洽，以至於在其內部實際上已經是一潭死水。真正的生命完整並不旨在慾望的滿足、成就的達成，以及目標的最終抵達。就像賽凡提斯（Cervantes）很久以前說過的那樣：「風塵僕僕行在路上總好過滯留在客棧。」當一個時期的願望和理想得到了滿足之後，也就同時意味著再激不起什麼慾望的水花；如此這般，思想之井就會乾涸。也就是說，我們熠熠生輝的富足實際上恰恰是通往終結的開始。歷史上多個時代都是因為無從重新啟用期待，而最終困死於自我滿足，就像快樂的雄蜂在婚禮的巔峰過去之後就步入死亡一樣。[02]

由此，我們得到一項驚人的事實，即那些所謂的豐沛時期實際上在其意識深處總縈繞著一種特殊形式的悲劇色彩。願望以概念的形式存在了太久，到了 19 世紀總算變成了現實，並為

---

[02]　黑格爾（Hegel）就志得意滿的時代在其哲學著作《歷史哲學》（*Philosophy of History*）中留下了精彩的篇章，非常值得閱讀。

自己冠以「現代文明」的名義。這個名字著實令人心煩意亂，也就是說，它意味著最終版，也是決定性的，在其面前，其餘一切都僅僅是過去的、卑微的準備階段以及對現在的渴慕，是無的放矢的無力箭頭！「現代」、「現代人」等詞語是近代幾次自我洗禮的產物，最基本的意義指的是達到「時代的高度」後產生的感受，而我目前正是在就這一問題展開分析。所謂「現代」就是「正在流行的」事物，也就是說，針對過去風靡一時的傳統風尚的新潮流或者現代化風潮正在冉冉升起。因此，「現代」一詞開始意指對新生活比過去更為優越的感知，同時也迫使其時代達到特定的高度。對於「現代」人而言，不夠「現代」意味著掉落到了歷史水準面以下。

　　我們在此難道不對自己的時代以及剛剛過去的時代之間的差異進行探討嗎？實際上，我們的時代已經不再自視為史上最佳，恰好相反的是，它隱隱約約產生了一種直覺，即從沒有過可謂最佳、穩定、巍然不動的時代。與其初衷背道而馳，聲稱所謂「現代文明」扎實確鑿的說法，實際上似乎恰恰意味著我們的視野受到了難以置信的限制並最終淪落至閉門造車。這種認識帶來的效果就是讓我們享受到一種從密封外殼中逃脫出來、重獲自由、再次沐浴現實世界之星空的快樂 —— 一個意味深遠的、令人恐懼的、不可預見的、取之不盡用之不竭的世界，一個一切事情皆有可能的世界，身處其中，遭逢最好的抑或最壞

的際遇皆未可知。對現代文明的信仰令人心黯淡無光，它意味著明天在所有要素上都是今日的復刻，鮮有真正的進展，時間長河裡即將踏上的每一段路都與當前踩在腳下的如出一轍。這樣的道路像極無定形態的監獄，它不斷向各個方向延伸拓展，卻從未指引我們通往解脫。

在帝國的早期階段，一些受過教育的鄉下人 —— 比如說盧坎（Lucan）和塞內卡（Seneca）之流 —— 抵達了羅馬，映入眼簾的那些象徵著帝國恆久力量的恢弘威嚴的建築令他們感到自己的心臟在體內劇烈地收縮。世上再已無新鮮事可發生，因為羅馬就是永恆的終點。如果籠罩在一片廢墟之上的氣息宛如死水上瀰漫起的雲遮霧繞，那麼這些敏感的鄉下人同樣也會感到無比沉重的憂鬱，雖然包含著的意味迥然不同：建築物的憂鬱中透露出永恆。

與這種感情用事鮮明對比的，難道不正是我們的時代如同剛放學的孩子們那樣呈現出的脫韁喧鬧嗎？如今的我們並不知道明天的世界將會發生什麼，而這恰恰令我們感受到一種隱祕的快樂；因為無從預見，所以地平線永遠向一切意外敞開，不確定性構成了我們的生命，實現了我們存在的真正完滿。

這項對我們時代的診斷結果 —— 站在此前的對立面上，但卻真實無比 —— 就是匱乏，與眾多同時代作家曾連篇累牘悲嘆的衰落形成鮮明的對比。我們正身處可見的幻象之中，而它

起源於種種多樣性中。我將在其他時候對其中特定幾種進行探討，而現在我將指出的是其中最為顯而易見的，即造成這種情況的一個重要原因，就是這在我看來屬於舊日的意識形態的忠誠，僅考慮歷史的政治或文化層面，且並沒有意識到它們僅僅是歷史最淺表的部分；而優先於也深刻於此的是，歷史的事實根植於生物的本能力量中，那是純粹的生命力，是存在於人類生命中的宇宙力量。與撼動大海、孕育百獸，令樹木開花、繁星閃耀的力量雖不完全一樣，但卻有幾分神似。

　　為了抵消時代衰落的悲觀論斷所帶來的負面影響，我建議大家進行如下思考：衰落很顯然是一個相對的概念。下降指的是從一個較高的水準跌落到一個較低的層次上。但是基於所在立場的變化，這種比較可能比所有能想像到的更為多樣。以琥珀菸嘴的製造者為例，在他們看來當下無疑屬於一個衰落的時代，因為如今已經鮮有人再使用琥珀菸嘴吸菸了。其他的視角可能相對來說更體面一些，但從嚴格意義上來講，沒有任何一種立場可以避免任性和片面性，而這些價值體系都存在於我們試圖分析的生命成分之中。只有一種視角算得上正當有理且自然而然，那就是安住於自身的位置，從生命的核心向外觀望，去感受生命是否在衰落 —— 亦即生活是否出現了所謂的削減、衰弱和乏味。但是，即使從內心出發，我們又如何能知道生命本身是否感受到自己正在衰落呢？在我看來，只要出現了下述

決定性的症狀，答案就是確鑿無疑的：如果一種生活並不包含對另一種生活、對此前任何一個時期的偏好與歆羨，進而只為其自身的存在歡欣雀躍的話，那麼這樣的生活即使以最嚴苛的態度來判斷，也不能稱之為衰落的。這是我關於時代的高度問題所進行的全部討論所導向的重點所在。這一結論也恰恰證明了我們的時代正坐享最為奇怪的情感狀態。據我所知，可謂前無古人。

在上個世紀的會客室裡，總會不可避免出現如下這樣一個時刻：女士們和縈繞在她們周圍的溫馴詩人們就「你最想生活在歷史上的哪個時期？」的問題展開討論。對此，他們每個人都毫不遲疑地將自己的生活拋諸腦後，即刻出發踏上一段想像中的征途，試圖到歷史中去尋找一個最能愉悅欣快地滿足其需求的時期。個中原因就在於，雖然充分感受著自己，並且感覺到自身已經實現了極大的豐富性，但實際上 19 世紀始終承受著名為過去的束縛，並深信自己正站在過去的肩膀上，將自己視為一路發展過來的積澱。因此，它也就仍然深信在相對古典的時期 —— 比如伯里克里斯（Pericles）時代、文藝復興時代 ——已經孕育著如今所秉持的價值觀。這種深信不疑的態度給了我們足夠的理由對豐饒時期提出質疑，然而該時期卻將臉背了過去，把目光聚焦於至此終於發展完滿的舊時代。

鑑於此，如果現在將同樣的問題拋給當代的代表性人物，

我們所能得到的最誠懇的回答會是什麼呢？我覺得對此無需持任何懷疑態度，他會告訴我們，過去的任一階段 —— 無一例外，都令他感到窒息般的限制性。也就是說，與以往任何時候相比，如今的人們更能深刻地感到自己的生命為自己所有，又或者換個方式來形容，就是整個過去的時間加起來都不足以承載如今人性的真實。這種對於當下存在所產生的直覺，以其透澈明晰令任何關於衰落的、缺乏深刻思考的論斷變得純屬無稽之談。

那麼，既然當下的我們感到自己的生命比以往任何時代之人都更充盈舒展，又怎麼會認為自己正處於衰落之中呢？恰恰相反，正在發生著的事實是，在堅信自己的生命更加「充盈」的認識基礎上，它失去了對過去全部的尊重與思考。由此，我們將首次步入一個對所有古典主義一無所知的時代，人們相信種種過時之事完全不足以作為今日的模型或者標準。雖然並非是幾個世紀未經任何中斷的演化後所達到的巔峰，但當下卻給予人萌芽、黎明、開始和生命伊始的印象。當我們回首往事，即使是光輝燦爛的文藝復興時期也顯得充滿了狹隘的地方主義，以及 —— 為什麼不直接把那個詞說出來？—— 粗鄙平庸。

此前我曾就這種情況做出過如下總結：「將過去與現在割裂開來，是我們這個時代無可迴避的一般事實，也是全部質疑之所以產生的根源，雖然多少有些含糊不清，但它在一定程度

上促成了我們當下存在的混亂特質。」我們感到自己像是一群忽然被丟到世上的人，煢煢孑立，逝者的死亡不僅僅發生在肉體層面上，也是真正徹底的精神湮滅，因為他們不能再為我們提供絲毫幫助。傳統精神的遺存全部消失殆盡。模型、基準和尺度對於我們再無任何用處。我們不得不在與歷史失去了任何有效合作的情況下獨自處理時代冒出來的一切問題，無論是藝術、科學，又或者是政治。孤零零的歐洲大陸沒有任何靈魂相伴左右，就像是每一個正午降臨之際的彼得·施雷米爾（Peter Schlehmihl），失去了自己的影子。那麼，「我們時代的高度」究竟指的是什麼呢？它並不是說時代真正的殷實，而是指感到自己比以往任何時代都更優越，或者超越所有時期已知的豐盛。我們的時代對其自身的印象很難用語言明確地表達概括，它自信強於以往種種，但與此同時又感到一切才剛剛站到起跑線上。對此我們該用怎樣的話語來形容呢？或許可以這樣試試：超越以往，又不及其自身；十足強大，但同時對命運抱有強烈的不確定感；既為自己的力量驕傲，又難免懷有深深的恐懼。

第四章　生命潛力的提升

　　大眾的統治、時代的水平面及高度的上升，不過是一個更為複雜也更加普遍的事實即將出現的徵兆。究其明顯而又簡單的實質而言，這一事實顯得奇怪且令人難以置信。那就是，世界在忽然之間開始膨脹，伴隨而生的，就是生活由此得以改善和提升。首先，生活開始實實在在染上了世界性的色彩；換句話說，就是現在普通人的生活內容涵蓋了整個世界，人們已經普遍將世界視為一個整體。一年多以前，塞爾維亞人就可以透過報紙上的報道即刻了解發生在北極附近個把人身上的事情，彷彿冰山正從安達盧西亞平原灼熱的背景下漂流而過。地球上的任何一部分都不再閉鎖於其地理位置上，從人類生命意圖的角度出發，它們勢必要對其他區域造成影響。根據物質存在的普遍性原理，它們的影響力遍及當前世界的各個角落，無處不在。這種距離以及隔絕狀態的消除，使每個人的存在視野以相應比例極大地擴張。

　　而從時代的角度來看，世界同樣也處於擴張之中。對史前時期的考古學研究發現，曾有過一些歷史時期存續了驚人的長度。直至今日，那些甚至連整個文明和帝國的名字都仍懸而未決的發現，對於我們的認知拓展而言，無疑是新大陸般的存在。圖文結合的新聞報刊以及電影已經將世界這些遙遠的組成

部分帶到了大眾的眼前。

但是世界在時空維度上的擴張，於其自身而言卻並沒有什麼特殊的意義。物理概念上的空間和時間恰好反應出宇宙絕對愚蠢的一面。因此，如今我們的同齡人之所以會沉溺於對純粹速度的崇拜之中，要比一般觀點所以為的具有更深層次的原因。速度由時間和空間共同構成，它並不比其任一組成成分更有意義，但卻可以使它們變得意義盡失。一種愚蠢只會被另一種愚蠢所戰勝。而戰勝宇宙的時間和空間之於人類是一個事關榮譽的問題[03]，因此，我們完全沒有必要為現代人以沉溺於絕對速度的方式絞殺時空，並從中獲得近乎孩子氣的快樂而感到驚訝。透過將時間與空間的意義徹底湮滅，我們可以實現比以往更為廣闊的空間，在來來往往中獲得更多的享受，於沒什麼生命力的時代裡消耗更多宇宙時間。

但歸根究柢，我們的世界真正重要的擴張並不在於越來越膨脹的規模，而在於它開始涵蓋越來越多的事物。每一事物 —— 有必要從最為寬廣的範圍去定義「事物」一詞的意義 —— 都關乎我們的願望、嘗試、進展、困擾、際遇、享受或厭惡；而其中任何一項都直指生命的活力。

就拿購買這個日常舉動為例吧，想像有兩個人，一個生活

---

[03]　確切地說，正是因為人類的生命時間是極為有限的，正是因為生而為人難逃一死，才更需要去戰勝距離和延遲。對於不朽的存在而言，汽車並不具備特殊的價值。

在當下，另一個來自 18 世紀，他們擁有以其所處時代的貨幣價值來衡量幾乎相等的財富，而比較一下兩人各自可以購買的商品，就會發現其間的差異可謂令人瞠目結舌。實際上，呈現在如今消費者面前的可能性範圍堪稱無窮無盡。在市場上，想到的或者想要的商品幾乎鮮有找不到的。而與此相反的是，對 18 世紀的人而言，根本不可能想到或期待任何事物都可以待價而沽。有人會反對我說，在擁有一筆相同財富的前提下，如今的人們不可能比在 18 世紀買到更多的東西；但事實並非如此，如今能夠買到的東西的的確確比那時多了太多，因為製造業降低了所有物品的成本。但是歸根究柢，即使這就是事實真相，也不會對我的觀點構成什麼影響，反而會對我想要表達的想法造成一定的強化作用。

購買活動結束於決定購入某一具體物品的那一刻，正因如此，它首先是個事關選擇的行為，選擇的開始正是市場將無數可能性擺到了消費者的面前。因此可以認為，在「消費」方面，生活主要存在於選擇的可能性之上。

當人們談論起生活的時候，有些在我看來最為基本的關鍵點通常被他們遺忘了，換句話說，他們忽略了我們的存在首先是一種認知，對哪些於我們具有可能性做出判斷的認知。如果每一個瞬間，擺在我們面前的都不過是唯一的可能性，那麼賦予其可能性之名則毫無意義，它實際已經算得是一種純粹的必然。然而

事實上，我們存在的基本狀態卻是總有各式各樣的前景擺在我們面前，它們以其多樣性向我們展示出各種可能性的特徵，從而令我們不得不從中做出選擇[04]。說我們活著就相當於說我們意識到自己正處於一種為確切可能性所環繞的氛圍之中。我們常將這種氛圍稱之為「環境」或外部世界。這也是「世界」一詞最基本的含義。世界正是我們全部生命可能性的總和，因而它並非脫離於或陌生於我們的存在體，而是我們生活的實際外圍。它展現出我們內在的力量，及我們的潛力為何。各種潛力必須經過一個具體化的過程才有可能得以實現，換句話說，我們只是全部可能性中的一部分。從這個角度來看，世界之於我們似乎無比巨大，人類身處其中簡直輕如鴻毛。世界，或者說我們可能的存在，永遠要比我們的命運和實際存在更為宏大。

不過，此刻我想要強調的是，人類生命在潛力的尺度上已經得到了何種程度的提升。與以往相比，如今可能性的選擇範圍擴大到難以置信的程度。

在知識層面，現在存在著更多的「思維路徑」，以及更多問題、數據、學科和觀點。相比職業的種類幾乎屈指可數的原始社會 —— 牧羊人、獵人、戰士、先知 —— 當前的職業清單可以說長得無窮無盡。在關乎娛樂的領域，同樣的情況也在上

---

[04]　在最壞的情況下，哪怕世界縮減到只剩一條路可走，實際上也仍然有兩個選擇：走那條路，或者離開這個世界。不過，離開這個世界同樣構成了這個世界的一部分，就像房門同時也是房間的組成部分一樣。

演，雖然（這是一個比看上去更具重要性的現象）娛樂專案的清單並沒有像生活中其他方面那樣過分溢位。不過，對當下這個世紀裡的資產階級——他們生活在小城鎮中，而城鎮正是現代生活的象徵——而言，享樂的可能性確實以顯著比例在上升。

但是，生命潛力的提升並不局限於我們以上所提到的方面，它同時也正朝著一個更為神祕的方向更加迅速地發展著。一個普遍且為人所周知的事實就是，在運動、表演等與體質相關的成就方面，相較之以往，如今成績「提高」到了非同尋常的程度。關注並驚訝於特殊個體所取得的打破記錄的成就是不夠的，我們必須要注意到的是，它們以其頻率之高在我們的腦海中刻下了深深的印象，從而令我們相信，人類身體在當前時代擁有的能力要比以往任何時候都更強大。

在科學方面，情況與此極為相似。不到十年的時間裡，科學已經將宇宙視野擴充套件到了無法想像的程度。愛因斯坦（Albert Einstein）物理學跨越了如此深廣的空間，以至於牛頓（Isaac Newton）物理學在相比之下彷彿被擱置到了閣樓[05]。這種廣闊的提升得益於在科學精確度層面上的集中突破。愛因斯坦的物理學起源於對毫釐之差的關注，而過去恰恰對此抱以輕忽的態度，認為它們似乎無關緊要。原子，在過去曾被視為世界

---

[05]　牛頓的世界是無限的；但是這個無限並不是一個空間尺度上的概念，而是一個空洞的正規化、一種抽象、一個空虛的烏托邦。愛因斯坦的世界是有限的；但所有部分都充實而有形，因此這個世界在內容方面更為充盈，並顯然可以達到更深廣的程度。

的極限，而如今則膨脹到足以成為一個星系般的程度。

　　我所談論的一切並非意在強調它在完善文化方面的重要性 —— 此時此刻我對此尚毫無興趣 —— 而是旨在說明這正意味著個人潛力的急遽提升。我也並非意在強調愛因斯坦物理學比牛頓物理學精確度更高，只是想說明相比牛頓，愛因斯坦確實更具有準確性和精神自由 [06]，正如現在的拳擊冠軍比其前輩選手更擅長於集中發起一記「猛攻」。

　　正如電影以及期刊畫報可以將這顆星球上最遙遠的所在呈現到普通人面前，報紙和輿論也為他們提供了關於最新智力成就的報導，出現在商店櫥窗裡的最新技術裝置就是這一切全部屬實的有力證明。所有這些無一不讓他們的腦子裡充斥著人類坐擁無限可能性的印象。

　　但是，我所說的並不意味著我認為今天人類的生活就比過去更好，我並沒有談及實際生活的品質，只不過在談數量的發展，以及潛力確實有所提升的事實。因此，我相信我已經對當前人們的意識做出了準確的描述，他們的生命腔調包含了自視比從前擁有更大潛力的心態，相比之下，以往所有時代都彷彿侏儒一般。

---

[06]　精神自由 —— 也就是說，智力 —— 是以其與傳統意義上認為不可分割的觀念分離開來的能力來度量的。正如科勒（Wolfgang Kohler）對黑猩猩的智力展開的研究結果顯示的那樣，觀念的剝離要比與之聚合難度更大。人類的理解能力從未表現出比現在更加強大的分離力量。

一旦涉及關於衰落的斷言 —— 尤其是充斥於過去十年來的西方衰落論，以上闡述就顯得尤其重要。回想一下我在本文開始的時候提出的論斷，在我看來它簡單而明顯，如果不理清究竟是什麼在經歷衰退，那麼討論衰落毫無意義。這種悲觀的衰落論調僅僅指的是文化嗎？還是說只是歐洲國家組織在衰落？就算我們將其作為先決條件接受下來，那就能表示我們有資格談論西方的衰落了嗎？絕對不會。因為這種形式的衰落只與次要的歷史元素 —— 文化和民族有關，是它們的部分衰敗與減退。只有存在一種絕對的衰落；其中包括了生命力的減弱，並且只在人們對此有所感知時才真正存在。正因如此，我才遲疑著是否將一個普遍被忽略的現象考慮進來：每個時代對其生命水平面的認知和感受。

　　至此，我們就談到了多個世紀以來關於「豐富性」的感受，而與此形成對比的，是另有一些時代認為自己已經從一個巔峰的高度上跌落下來，遠離了那個卓越輝煌的黃金時期。而令我最後得出結論的普遍現實是，我們時代的一大特徵即在於自認為凌駕於所有過去之上的自視甚高；而更嚴重的是，這一時代對過去的一切均不予考慮，拒絕承認任何古典的或典範的時代，將自身視為比以往存在過的任何形式都更優越、更獨一無二的嶄新生命。

　　我很懷疑我們的時代是否能夠在不深刻領會這一點的情況下被理解，因為這正是它的特殊問題。

　　如果它能察覺到衰落的發生，那麼勢必就會認為其他年代比自己更為優越，進而去敬重、欣賞它們，並將可以帶來啟發的種種規則視為真理。倘若真的如此，我們的時代將會由此擁有清楚而堅定的理想，哪怕並不具備實現的能力。

　　然而，事實卻與之恰好相反，我們生活的時代自信具有驚人的創造力，哪怕根本不知道該去創造些什麼。人們將自己視為萬物之主，卻又無法左右自己的人生，從而迷失於坐享的豐盛之中。現在可供使用的方法、知識以及技術均遠遠多於過去，但事實卻證明，如今的世界與過去最糟糕的時代如出一轍，一切仍只是無根的漂流。

　　因此，一種力量感和不安全感的奇怪組合構成了現代人靈魂的底色。

　　對現代人而言，所面對的情況正如對路易十五（Louis XV）幼年期攝政所做的評價：他擁有一切天賦，卻唯獨缺少將其發揮的能力。到了 19 世紀，雖然很多事情看起來仍然不具備可能性，但人們對發展持有堅定的信念。時至今日，隨著幾乎一切皆有可能的事實被擺到了我們的面前，我們也就應該因此而意識到，各種最糟糕的情況亦具有實現的可能性：退化、野蠻、衰落，諸如此類 [07]。這實際上不能算什麼不好的徵兆，它意味著我們再一次與作為一切生命之本質的、存在於每一刻中憂傷

---

[07]　這就是我們做出有關衰落的全部診斷的根源所在。並不是我們在衰落，而是我們開始傾向於承認一切的可能性，因此也就難以將衰落的可能性排除在外。

的不確定性和焦慮之間建立起連結，並且如果我們知道如何抵達其最深層的核心，掌握住其悸動的命脈，它也將會是美妙的。然而事實卻是，我們總在拒絕去感受那令人憂懼的脈動，哪怕它構成了一顆渺小心靈稍縱即逝的瞬間真誠；我們殫精竭慮地試圖尋找安全感，又任由自己對命運上演的最基本真實視而不見，以習慣、慣例以及無稽之談將其淹沒。這是一件相當了不得的事情，因為在近三個世紀以來，我們第一次驚訝地意識到自己對於明天將會發生什麼一無所知。

任何一個對其存在秉持嚴肅態度，並對這一存在充分負起責任的人，勢必都會感到一種切實的不確定性，進而驅使他時刻保持警覺。羅馬軍隊命令軍團哨兵保持將手指緊貼在嘴唇上的姿勢，以防止其被睡意席捲，確保警惕性毫不鬆懈。這種姿勢自有其價值所在，它似乎賦予了寂靜的夜晚更深的沉默，以便能捕捉到可能悄悄萌芽的任何響動。「充分」時代的安全感 —— 就像上個世紀那樣 —— 實際是一個視覺上的錯覺，它導致人們忽視了未來，而未來的全部方向都被寄託到了宇宙機制之上。無論是進步分子的自由主義還是馬克思（Karl Marx）的社會主義都相信，人們期待中的未來就是最好的或者最有可能的未來，必須得以實現，其必要性堪比天文學領域中的規則。

這種想法誤導了進步分子的良心，令他們丟掉了歷史之船舵，不再時刻觀望，並丟失了本身的機敏與高效。正因如此，

生命悄悄從他們的手中溜走了，如今變得全然難以馴服，沒有任何確定航向地漂來蕩去。在慷慨的未來主義面具下，進步分子不再以未來的眼光審視自己；確信不再有任何驚喜或奧祕蘊藏於未來，沒什麼是值得為之冒險的，更談不上真正的變革；他們帶著十足的把握相信這個世界將會沿著一條筆直的航線前進，既不會偏離方向，也不會掉頭回轉；於是他們拋開了關於未來的全部焦慮，將自己全身心投入於確鑿的當下。如此這般，我們又怎麼會為如今的世界看起來是那麼漫無目的、缺少希望和理想而感到驚訝？沒人關心這些缺失，更不在乎自己是否能夠支撐理想。以上種種都要歸咎於他們從少數派的指導下掙脫出來，而那通常正是大眾反叛的另外一面。

　　但是，現在是我們回過頭來考慮最後一個問題的時候了。在對大眾取得勝利的有利面進行過強調之後，現在最好沿著另一個斜面順坡而下，當然了，那將是一段更為危險的歷程。

第五章　一項統計學真相

　　這本書的寫作目的，即在於嘗試對我們的時代、我們的真實存在狀態進行診斷。我們在前一部分所做出的種種論證概括來說就是：我們的生命作為一種可能性的綜合體幾乎是無窮無盡、生機勃發的，比歷史上任何已知時期都更優越。但由於實際上它的範圍實在太過宏大，因此也就大大逾越了世代相傳下來的各種管道、原則、標準以及理想。生命前所未有地蓬勃，勢必也就招致空前的質疑。過去再不可能指引任何方向。[08] 我們必須自己去掌握時代的命運。

　　但是我們現在必須結束診斷。生命，首先對我們而言意味著可能性，因此出於同樣的原因，我們需要從這些可能性中做出選擇，確定自己將要成為什麼樣的人。我們的環境 —— 亦即所有的可能性 —— 由生命給予並強加於我們的生活，進而構成了我們所謂的世界。生命無法自主選擇世界，它發現自己起源於一個業已決定好並且無以更改的世界，即當下的世界。我們的世界正是構成命運的一部分。不過，注定的命運卻並不是一種機械裝置般的存在。我們並非像從槍管中發射出來的子彈般被投入到存在當中，其彈道已經預先明確地設定好了。當我們

---

[08]　儘管如此，我們仍將會看到如何從過去有所得，即使不是積極的啟發，也有可能是某些負面的建議。過去不會告訴我們應該去做些什麼，但卻會指示我們哪些應當避免。

來到這個世界 —— 通常就是眼前的這個世界，這個物質存在的世界，被投入其中的命運與此剛好相反。非但沒有一條確定的軌跡被強加於我們頭上，而且還同時出現了很多選項，令我們不得不從中做出選擇。這真可謂奇蹟般的生命前提！活著，也就意味著我們不得不被迫行使我們命中注定的自由，去決定在這個世界上我們究竟想要活成什麼樣子。生命的決策活動，哪怕短短一刻也不能停歇。即使在我們絕望地想要自暴自棄，準備聽憑命運擺布的時候，其實也是做出了不再做選擇的決定。

因此，所謂生命的「環境決定論」是十足的謬誤。真實的情況恰好相反，環境才是進退兩難的困境，隨著每一次我們不得不做出的決定而不斷被重塑。實際上，真正起決定作用的是我們的性格。

上述論證對集體生活同樣適用。在集體生活中，首先也存在著一種可能性的視域，繼而也就會同樣面臨對集體存在的有效形式做出明確選擇和決定的問題。這一決定從根本上源自於社會的特質，或者換一種說法就是源自於統治者的類型。在我們的時代，統治者的角色由大眾扮演，於是起決定作用的就是大眾。並不能將此簡單等同於民主政治或者普選時期出現的情況。在普選時代，大眾並沒有決定權，他們的作用無非是去支持某一或另一少數派所做出的決定。也正是少數派提出了他們的「規劃」（programmes）—— 這可真是一個絕好的字眼。而這

種規劃的實質，就是集體生活的真正規劃。在此過程中，大眾只是受邀前來接受一個業已做出的決定。

　　如今，發生著的事情與此截然不同。如果我們觀察一下大眾的勝利已基本成為定局的國家——包括那些地中海國家——的公共生活，我們就會很驚訝地發現在政治上他們的生活正日復一日地重複著。這種現象可以說是不同尋常的奇怪。公共權威正掌握在大眾代表的手中，他們具有足夠強大的力量將一切反對派消滅殆盡。他們占有權力的那副不容置疑的姿態，歷史上恐怕再難找到同樣強權的政府。然而儘管如此，公共權威——大眾的政府——的存在卻仍僅為餬口，無法給未來提供一個明確的解決方案，更無以作為任何可想而知的發展和演化的開端。簡而言之，它的存在無關於任何至關重要的規劃或計畫。它不知道下一步將到哪裡落腳，因為嚴格來講，在它面前甚至都沒有一條確鑿的道路或軌跡。當這樣一個公共權威試圖為其自身合理性加以辯護的時候，未來對它而言沒有任何參考價值。事實恰恰相反，它將自己閉鎖於當下，真誠無比地宣稱：「我們是環境促成的一屆非同尋常的政府。」因此，它的活力只限於在時間裡規避困難，卻從未嘗試過將它們克服；它絞盡腦汁想著怎麼從中逃脫，無論透過什麼途徑，哪怕以在未來累積更大的困難為代價也在所不惜。這種由大眾來執行的公眾權力雖無所不包，卻又轉瞬即逝。大眾正是這樣的一類

人，生活中缺少目標，僅僅在隨波逐流。這也就意味著，縱使他們的可能性以及權力是巨大的，卻終究毫無建樹。可我們時代的決定權，偏偏就掌握在他們的手中。所以，接下來我們應該對大眾人的性格展開分析。

讓我們回想一下這篇論文最開始時提出的問題：令現階段的歷史人滿為患的集體大眾究竟從何而來？於是，此番分析的關鍵性便突顯出來。

若干年前，著名經濟學家維爾納・宋巴特（Werner Sombart）著重強調過一個非常簡單的事實，如此淺顯，以至於我都驚訝於它竟沒出現在任何一個對當下問題進行深思的頭腦裡。這一簡單的事實已經足以澄清我們對於當今歐洲的觀感，又或者說，即使尚不足夠，也已經將我們推上了啟蒙開悟的道路。所謂的事實就是：歐洲歷史從 6 世紀開始直至 1800 年，在長達 12 個世紀的歷史進程中，整個歐洲的總人口數量從沒達到過 1.8 億之眾。而如今，僅從 1800 年到 1914 年這一個多世紀的時間裡，歐洲的人口就從 1.8 億暴增到 4.6 億！兩組數據之間的強烈對比毫無疑義地證明了過去的這個世紀是多麼高產。透過三代人的努力，竟誕生了如此巨大的大眾集體，就像一股奔流席捲過歷史的洪水，並最終將所到之處淹沒。我要再次重申，這個事實已經足以使我們意識到大眾的勝利，以及這一勝利向我們彰顯或宣布了什麼。此外，這也應該是對我此前已經提到過的

歷史水準面的上升所能做出的最有力的證明。

　　但與此同時，該事實也向我們證實，當我們注意到諸如美國等新崛起的國家中人口的增長時，表現出欽佩之情是多麼的不符合常理。我們驚訝於他們人口的增長，為他們能夠在一個世紀之內便達到一億人口而驚訝不已，然而真正驚人的實際上應該是歐洲的擁擠和多產。因而在此處，我們便有了另外一個理由去校正所謂歐洲正在美國化的說法。甚至連那些看起來尤其美國化的特徵 —— 比如人口的飛速增長 —— 也毫不例外是源起於歐洲的。歐洲在過去的一個世紀裡人口增長速度遠超美國，甚至美國國家本身的成立都是以歐洲人口的溢位作為基礎的。

　　不過，即使維爾納・宋巴特指出的這一事實如此確鑿，卻依舊沒有像它應有的那樣廣為人知，畢竟歐洲人口驚人增長的困擾情況已經流傳甚廣，對其予以過分強調也著實意義寥寥。在被引用的數據中，真正使我感興趣的反而不是單純的人口增長問題，而是在與過去的數據進行對比之下，令人目瞪口呆的增長率。這才是當下對於我們而言真正具有重要意義的關鍵所在。驚人的增長速率意味著前仆後繼的人們正在被加速投向歷史的舞臺，而想要以傳統文化滿足他們則具有相當難度。

　　事實上，當下歐洲的普通人與上個世紀相比，擁有更健康、更強勁的體魄，但是頭腦卻也更單調。因此時不時地，他

們便會使人產生一種原始人忽然被拔高到一個古老文明程度之上的印象。而學校，作為上個世紀一大重要的驕傲之源，已經不可能有比教導大眾使用現代生活的種種技術更多的職能了，它們根本無力再對大眾加以教育。大眾足以應對更為緊張的生活方式，卻對自己肩負的重大歷史責任視若無睹；他們囫圇吞棗地接受著現代技術手段的驕傲與力量，卻不曾試圖領會其中的科學精神。因此，新的一代人在精神價值上毫無建樹，他們已經準備好接管整個世界，在他們看來，世界彷彿沒有任何過往腳步的印記、不存在任何傳統，並且宛若天堂一般。

到了上個世紀，榮耀與責任已經徹底向奔騰於歷史水準面上，且無處不在的集體大眾屈服。而若要公平地評價上個世紀，這個事實無疑為我們提供了最佳視角。那時必定存在一些非凡的、無可比擬的事情，因此在它的風土中才能孕育出如此豐碩的人類果實。如果一個時代從沒有意識到這個了不起的事實並且試圖對此加以領會，那麼對任何曾經啟發過其他時代的規則所表現出的傾向性都是既輕浮又荒謬的。整個歷史呈現出的面貌彷彿一間巨大的實驗室，而其中進行的全部實驗都是為了得出一個最適宜培植「人類」的公共生活規則。當排除了所有可能的解釋之後，我們發現自己正與以下事實面對面，即透過將人類的種子播撒於兩種規則——自由民主和技術知識——的土壤，歐洲的人口在短短一個世紀裡數量翻了三倍。

如此壓倒性的事實迫使我們 —— 除非我們偏偏對理論依據視而不見 —— 去得出以下結論：首先，建立在技術知識之上的自由民主是公共生活方式迄今為止已知的最高階形式；其次，這種形式可能並不是所能想到的最好的，但是如果我們能想出更優越的，那麼其中也一定包含了以上兩種原則的本質；第三點則是，任何試圖回到 19 世紀之前的存在形式的嘗試都實屬自殺性行為。

一旦我們對事實本身提出的要求有了清晰明確的認識，就勢必會對 19 世紀的種種揭竿而起。如果說有什麼是確定無疑的，那麼就是 19 世紀雖然確實存在著一些無與倫比且不可比擬的東西，但同時也存在著相當嚴重的問題，並承受著制度上的缺陷。當它成就了一個新的人類社會階層 —— 即反叛的大眾人 —— 的時候，便已經將自己賴以生存的原則置於迫在眉睫的險境之中。如果這種反叛的大眾人持續充當歐洲的主人，那麼不出三十年便足以將我們的大陸重新送回原始時代。立法機構以及工業技術隨即灰飛煙滅，與手藝技術中的奧祕通常更容易失傳如出一轍 [09]。生命維度從整體上將會變得狹小。當下可能性的豐盛將會演變成實踐性的缺乏、令人遺憾的虛弱無力，

---

[09] 赫爾曼・外爾（Hermann Weyl）是現代最偉大的物理學家之一，也是愛因斯坦的朋友和研究工作的繼承者。他習慣在談話中指出，如果那十或十二個擁有特殊才能的人突然間死去，那麼幾乎可以肯定，當代物理學的成就將會永遠葬送在人類身上。為了使腦力器官適應並接受富有抽象複雜性的物理理論，人類需要經過幾個世紀的準備，任何事件都有可能摧毀人類這種驚人的可能性，而那本可能正是未來技術革命發展的重要基礎。

以及真正的衰落。由此可見，大眾的反叛正是拉特瑙（Walther Rathenau）所謂的「野蠻人的垂直入侵」。因此，對大眾人進行充分徹底的了解，去考察他們最大的善與最大的惡的全部可能性就具有了相當強的重要性。

第六章　大眾人研究報告

　　如今掌握著政治以及非政治領域公共生活統治權的大眾究竟是什麼樣子？他們為什麼會那樣？換句話說，他們是如何產生的？

　　對於以上兩個問題，最好放在一起回答，因為它們各自提供著互相說明的線索。如今試圖領導歐洲的大眾與那些曾引領過 19 世紀的人截然不同，但他們卻都孕育並誕生於 19 世紀。1820 年、1850 年以及 1880 年間任何敏銳的頭腦都能透過一系列先驗的推理，洞悉我們當下歷史形勢的嚴重性。實際上，如今所發生的一切，沒有什麼是一百年前所未能預測到的。

　　「大眾正在崛起！」黑格爾以一種預示著未來災變的方式說道。

　　孔德（Auguste Comte）則發表宣言表示：「由於缺乏任何嶄新的精神性影響，我們的時代作為一個革命性的時代，將會造成巨大的災難。」

　　「我看到虛無主義正如潮水般猛漲。」尼采（Friedrich Nietzsche）站在恩加丁的一塊峭壁上尖聲叫道。

　　認為歷史無法被預言顯然是錯誤的，它已經無數次為人們所預言。如果未來連被預測的機會都不予存在的話，那麼其趨

勢無論是滿足於當下還是回到過去都無法被理解。所謂歷史學家不過是先知的另一種說法，全部的歷史哲學基本可以做此總括性定義。的確，對未來的預測只可能是大體結構上的，但我們對於當下以及過去所有的理解也都不過如此。相應地，如果你想對自己所處的時代有良好的觀察，那麼也最好站到一定距離之外。多遠的距離算是足夠呢？答案非常簡單：只要遠到你看不見克麗奧佩脫拉（Cleopatra）的鼻子就可以了。對於那些自19世紀以來持續被創造出來、生活在前所未有之大豐盛中的大眾人而言，生命究竟是什麼樣的呢？首先，物質材料的獲得簡直易如反掌，從來沒有哪個普通人在解決其經濟困難時得到過比這更多的便利。與此同時，儘管產業工人面臨著財富驟降的問題，生活於他們變得艱難起來，但資產階級卻看到自己的獲利前景在日漸擴大。每一天，他們的生活水準都會增添一項新的奢侈；每一天，他們都會發現自己的地位變得越來越安穩，相對其他階層的意志變得更加獨立。種種天賦在過去均被視為恩寵與運氣，因此人們對於命運懷有深深的敬畏，而如今卻逐漸變成了一種權利，人們非但不再心懷感恩，反而對此生出執念。從20世紀開始，工人也同樣開始擴張並鞏固他們的生活。雖然如此，但他們仍需努力掙扎著抵達嚮往的終點。他們不可能像資產階級那樣，等著國家或社會為他們服務，那畢竟是一種組織上的奇蹟。

因此，在經濟條件的便利性和安全性之餘，還需物質生活條件的到位：舒適性以及公共秩序。生命號列車執行在平順無阻的軌道上，而且無需為任何暴力事件或危險破壞的可能性而憂心忡忡。這樣一個自由自在、無拘無束的環境，勢必會向存續於其中的靈魂深處逐漸滲透一種生活觀點，用如我們這般古老國家中詼諧又極具穿透力的語言來表述就是：「卡斯提亞王國廣闊無垠。」也就是說，在所有基本的和決定性的方面，生活將自己在新人類面前假裝成了免除一切限制條件的模樣。當我們意識到如此自由的存在對於生活在過去的普通人而言完全無法想像的時候，對該現實及其重要性的認識便立即直觀深刻起來。正相反的是，生活對於過去的普通人而言僅意味著來自命運的繁重，無論是經濟還是物質層面上。從出生開始，生活的同義詞便是各種障礙的堆積，他們不得不去承受，除了對此漸漸麻木，除了令自己安住於僅有的狹小空間外沒有任何其他的解決辦法。

　　不過，當我們的討論從物質延伸至文明和道德領域的時候，處境的對比就變得更為明顯。自 19 世紀後半葉以來，普通人便發現在自己面前不再樹立有任何社會壁壘。也就是說，在公共生活領域裡，他們意識到自己從出生以來就不會為任何障礙或限制所約束。沒有任何事物能夠禁錮他們的生命。正所謂「卡斯提亞王國廣闊無垠」。再沒有什麼「身分」和「社會地位」

的劃分，沒有什麼公民的特權，普通人通通意識到他們已經在法律面前實現了人人平等。

在歷史的進程中，人類從未被安置在能與上述提及的條件有一星半點關聯之處的關鍵環境之中。因此，實際上我們所面對的，正是人類命運裡一次最為激進的革新，而究其根本，它自 19 世紀起便開始醞釀。一個嶄新的階段鋪展在人類的未來，其嶄新性同時展現在物質以及社會兩方面。有三項重要原則保證了新世界成立的可能性：自由民主、科學實驗以及工業技術。後兩者或許可以總結為一個詞：技術主義。三項原則中，沒有哪個是 19 世紀的創造產物；它們全都自此前的兩個世紀發展而來。19 世紀的榮光並不在於發現了它們，而在於將其普及，對此無人會持反對態度。但是，僅從抽象概念上對此有所認識還遠遠不夠，真正重要的是看到緊隨其後不可避免的後果。

19 世紀的本質是革命的。對此透過重重迷霧中的場景是意識不到的，那些都只是偶發事件，而實際上，普通人 —— 即所謂的社會大眾 —— 已經被放置到了與過去置身其中的環境截然相反的條件下，他們的社會生活已經被徹底顛倒了。革命並不是建立在過去存在的規則基礎上的發展，而是要建立起一個與傳統相對立的新秩序。因此，從他們對社會生活的影響角度來看，我們將這些作為 19 世紀之產物的大眾視為與其他所有時代的人類相隔離的新物種，可謂毫無誇大之意。當然了，18 世紀

的人肯定不同於 17 世紀，而相應地，後者也自然不同於其 16 世紀的同伴。但是，他們之間相互關聯，存在一定的相似性，甚至在與當前的新人類相比之下，他們究其本質也是具有一致性的。對於其他任何時代的「普通」人而言，「生活」大體上來講還是與限制、義務和依賴密不可分的；概括說來，我們可以稱之為壓迫——如果你不反對的話。壓迫的意義不僅限於司法以及社會意識層面，也存在於自然意義的層面上。在過去長達一百年的時間裡，自然意義上的壓迫從未缺席，直至科學技術——物理學和行政學——開始幾乎毫無限制地擴張到應用領域。在過去，即使對富人或是強者而言，這個世界也是一個充滿了貧窮、困難以及危險的地方[10]。

從新新人類出生以來，環繞著他們的世界就從不曾迫使他們以任何形式去做自我限制，也並未對他行使反對的否決權；恰好相反的是，這個世界還在不斷刺激著他們的慾望，而眾所周知的是，人的慾望從本質上來講可謂無窮無盡。因此，現在可以得出結論了——這也是最重要的部分，那就是 19 世紀以及 20 世紀早期的世界，不僅在彰顯著其已經坐擁的完善和圓滿，同時還在進一步向那些生活於其中的人們做出激進的保證：

---

[10] 在過去，無論一個人多麼富有，都少不了要有同伴，並且由於所處的整個世界都是貧窮的，因此他的財富所能帶來的便利和購買的商品都非常有限。相比之下如今普通人的生活就變得容易多了，即使與其他時代最富權勢的人比起來，在方便和安全方面也顯然更勝一籌。如果整個世界都變得更加富庶，能夠提供寬闊的道路、鐵路、電訊、酒店、個人安全以及阿司匹林的話，那麼就算一個人不比他人擁有更多的財富，又有什麼關係呢？

明天將會更加富有、豐裕、完美，就好像它享有著取之不盡、用之不竭的發展力量一般。儘管如今已經有了一些跡象表明在這一堅定的信念中出現了小小的缺口，但並沒有多少人懷疑汽車將在未來五年之內變得更為舒適和便宜。他們對此深信不疑的態度，簡直堪比對明天早上太陽會照常升起的信念。這個比喻是非常恰當的。因為實際上，當人們發現自己正身處於一個無論技術還是社交方面都如此卓越的世界時，很容易相信所有一切都是自然生成的，他們從沒想過那些具有極高天賦之人為此展開的個人奮鬥，而當前世界的誕生正是以此為先決條件的。同樣地，他們也並不情願承認，所有的設施如今依然需要此番難得的人類美德予以支撐，其中哪怕出現一丁點微小的差池，便會造成大廈將傾的嚴重後果。

由此，讓我們在對當今大眾所作的心理學分析量表中記錄如下兩個基本特點：一是生命願望和由此連帶的人格不受控制地膨脹，二是對使其生活的安逸享樂成為可能的付出之徹底的忘恩負義。將以上兩個特點結合在一起，便勾勒出被寵壞的孩子那眾所周知的心理狀態。事實上，如果將這種心理狀態作為一幅「映像」，透過它去審視當今大眾的靈魂，可以說是相當恰如其分。作為一個豐富且慷慨 —— 無論是在理想還是實踐上均慷慨非常 —— 的古老傳統的繼承人，新一代的平民已經被身處其中的世界給寵壞了。所謂溺愛就是對他們的種種任性均不予

限制，讓他們產生了無論做什麼事情都會得到許可、不必承擔任何責任義務的印象。在這種政體下成長起來的孩子們不曾體會過任何對自身的限制。由於一切外部限制、一切與其他事物之間的碰撞都被移除了，他們竟逐漸真的開始相信自己是唯一的存在，並且習慣於凡事不為他者著想，尤其不會想到還能有人較自己更為優秀卓越。若想令他們對其他存在的優越性有所感知，則需要由一個更強大的存在將此觀念逐漸滲透進去，迫使他們放棄一些慾望，並對自己加以約束。唯有如此他們才能有所收斂，從中學到以下基本原則：「我在此處一無所長，這是供給比我更有力量的他者登場的舞臺。很顯然，在這個世界上存在著兩種人：我，和比我更優秀的人。」在過去的時代裡，平庸之人反覆被世界灌輸以這種關於其自身的基本智慧，因為那是一個以粗暴的方式組織而成的世界，大災大難發生頻繁，其中沒有什麼是確定的、豐富的以及穩定的。與之構成鮮明對比的，是新生的大眾發現自己正面臨充滿了無限可能性的前途，而更重要的是，他們非常確信每件事情都唾手可得，完全不同於過去的時代那樣要付出艱苦努力，這就好像我們看到太陽高懸於天際，卻並不曾真的需要我們親自傾盡全力將其扛在肩上。沒有人曾為呼吸到的空氣而對他人充滿感激，因為沒有人專門為其創造空氣；空氣「本來就在那裡」，用我們的話來說就是屬於「自然而然」的事物，並且完全不會被耗竭。於是，大眾就這樣被寵壞了，徹徹底底地缺乏智慧，無知到竟會相信無論

物質財富還是社會組織都與隨他們處置的空氣一樣，擁有同樣的起源方式。因為畢竟二者如同空氣般從未枯竭過，完美得彷彿大自然的造物。

因此，我的論點就是：19 世紀賦予了現存秩序以組織上的完美，令大眾從中空前獲益，以至於將其視為一種自然系統，而非人為組織的結果。這也就使我們得以解釋並定義由大眾揭示出來的精神狀況之荒謬性：他們只考慮到自己的福祉，但同時又對所享之福緣何而來一無所知。就像他們不可能看到的那樣，文明帶來的好處、發明創造促成的奇蹟只能由遠見卓識和巨大的努力所維持，在他們看來，自己所扮演的角色只負責蠻橫地提出種種要求即可，就好像一切都是他們的天賦權利。在面對食物短缺造成的困擾時，他們唯一能夠想到的解決辦法就是砸掉麵包店。

這或許可以在一個更大也更複雜的尺度上作為一種公眾行為的標誌，彰顯出今天的大眾對支撐著他們的文明所秉持的態度。

第七章　貴族生活和大眾生活，
　　　或勤奮與惰性

　　起初，我們的模樣就是我們的世界需要我們表現出的樣子，我們靈魂的基本特徵也由周圍環境的模式所塑造，生存於世就像身處造型的模子之中。這也無可厚非，畢竟我們的生活不過就是我們與外部世界之間的關係。它呈現給我們的大體輪廓，便進而構成了我們自己生活中大體的輪廓。正因如此，我才會如此強調下述的觀察結果：如今大眾蜂擁而至的這個世界相比於歷史呈現出徹底嶄新的特徵。在過去，普通人的生活意味著不斷發現環繞著自己的盡是困難、危險、貧乏，重重受限卻又互相依賴；而新世界則呈現出一派可能性近乎無限、安全，並且個人獨立於任何其他存在的樣子。當代人的思想正是在此基本且持久的印象之基礎上形成的，就像過去人們的思想是以相反的印象為基礎構建。那些基本印象已經化作一種內在的聲音，不間斷地在每個人的內心深處發出回響，固執地將對生命的定義灌輸給他們，同時伴隨而生的便是道德規則的形成。如果傳統的觀點對他們說上幾句悄悄話：「活著就是去感受自身的局限性，因此生活就是必須去確認究竟是什麼限制住了我們，」那麼嶄新的聲音就會叫囂起來：「活著就是不用管什麼限制，也就是大可恣意妄為。實際上，沒有什麼事是不可能的，更沒有什麼是危險的，而從原則上來講，

也沒有人會比其他人更為優越。」

這一基本經驗徹底改變了大眾傳統的、持久穩固的構成。因為從本性來看，過去的人們總是感覺自己面臨著物質條件匱乏以及來自更高社會權力的限制。生活對他們而言，正是這些限制的代名詞。如果他們成功地改善了自己的處境，如果他們爬上了更高階的社會階梯，那麼就會將此歸結為一些特別垂青於他們的運氣。而如果不是這樣想，那麼他們就會將此歸功於付出了的巨大努力，他們很清楚為其付出了怎樣的代價。無論在上述的哪個例子中，顯示的都是生活和世界的一般性質中的例外問題；謂之例外，也就意味著它是由一些非常特殊的原因造成的。

但是現在的大眾卻將徹底的自由視為自然而然，彷彿提前預設好的條件，沒有任何特殊的原因。由於缺乏外界事物能促使他們意識到自身的局限性，因此，他們從未向其他高於自己的權威尋求過幫助。直到相當晚近，東亞大國的鄉下人都相信其生存的福祉基本上取決於帝王所擁有的個人美德。因此，他們的生活總是與其依靠著的皇權息息相關。而我們現在的分析對象 —— 大眾，卻傾向於不向任何自己以外的權威求助。他們對自己的狀態感到非常滿意，就好像那是世上最自然不過的事情。大眾人完全不會因此而感到虛榮或自負，他們就是傾向於認為並且非常確信在自己身上發現的一切都是好的：觀點、慾

望、嗜好、品味等。就像我們已經看到的那樣，如果沒有什麼事情或者什麼人能迫使他們意識到自己實際上只是二等公民，受制於各種限制，缺少創造能力，無力維持那給予他們的生活豐盛與滿足並讓他們得以以此為基礎提出生命主張的組織，那麼他們為什麼要心生懷疑呢？只要外部環境沒有暴戾地強迫他們，大眾人永遠不會接受自身以外的權威。比如現在，環境施予的力量極為有限，永恆的大眾人便忠於自己的存在，不再取悅任何權威，深信自己就是生活的主人。而與此形成對比的則是菁英集體，這些非凡傑出之人被內在的必要性所驅動，尋找著超越其自身、更為優越的標準，並且將它們欣然接受下來。讓我們回憶一下，在本文最開始的時候，我們說菁英是對自己有所要求之人，而大眾則對自己放任自流、安於現狀並為此沾沾自喜，我們正是透過這種判斷標準將兩個集體區分開來 [11]。與一般所想的相反，實際上擺脫了生活奴役狀態的，並非平庸之輩，而是非凡卓越之人。生活對於菁英而言是索然無味的，除非他們能將生活投入到某項出類拔萃的事業之中。因此，他們並不曾將為之服務的必要性視為一種壓迫。相反，當偶爾這種必要性缺席的時候，他們還會不眠不休地尋找一些新的標準，更困難、更苛刻，並以此來強迫自己。這是一種自律者的

---

[11]　大眾人的心智使得他們在面對任何問題時，都只會滿足於其頭腦中浮現出的第一個想法。而菁英則不然，他們藐視腦海中未經任何思考就冒出來的想法，並且只接受比自己高明得多的東西，哪怕需要付出大量心血才能實現也在所不惜。

生活，也是一種體面的生活。

　　所謂體面，是由出於義務而非出於權利而對自己產生的要求來定義的。體面與承擔義務並存。「按照好惡生存的是平民；體面人渴望秩序與法律。」歌德（Goethe）道。

　　貴族的特權不是來自於他們的讓步或恩惠，恰恰相反，那是靠他們的征服得來的。從原則上來講，特權的維持在於享有特權之人對此再次征服的能力 —— 無論何時，只要出現必要性或有人對他們享有的特權提出質疑時的再次征服。個人權利或特權並不靠被動相傳，也不單純是什麼享受之物，正相反，它們代表了一種透過個人努力達到的標準。例如，那些「人權和公民權」就都是被動屬性的權利，純屬於消極的使用權和既得利益，是每個人都能擁有的命運之慷慨餽贈，並不需要付出任何努力，除非此人已經氣息全無或者精神錯亂。因此，我想說的是，非個人的權利是占有物，而個人權利則是信仰。

　　像「體面」這樣一個如此啟發心智的詞彙，在平常講話中所遭受的退化實在令人痛心。

　　因為，對許多人來說它僅僅意味著遺傳到的「貴族血統」，進而也就演化成了類似公民權利之類靜態的、被動性質的東西，彷彿只需呆滯地接受和傳遞便足矣。但是嚴格意義上來講，「體面」一詞的詞源實際上是動態的。高貴的意思是「為人所周知」，也就是說每個人都知道，非常出名，體面人透過優越於大眾而令

自己享有名聲。因此，在他獲得的名望中，暗含著正是不同尋常的付出令他有所收穫的意味。正因如此，體面也就等同於勤奮努力和卓越出色。而體面人的子孫所享得的高貴與聲望則是純粹的既得利益。得主心裡很清楚，自己正是因為父輩才享有聲望。他所獲得的名聲來源於一種反射，並且實際上，遺傳到的體面具有間接性，它就像是映像的光芒，一種由其父輩衍生而來的月光般的體面。其中遺留下來的唯一擁有生機、充滿活力和動態的東西，就是它在繼承者的血液中激起的脈動。

一般而言，即使已經有所蝕化，貴族也肩負義務。最原初的體面賦予他以義務，而子孫後代因其繼承下的遺產而繼續承擔義務。但在任何情況下，體面從最初一代傳遞給其後代的過程中都存在一定的矛盾。

更講究邏輯的東亞人就顛倒了傳遞的次序：並非父親令兒子成為貴族，而是兒子在獲得了貴族身分後將榮譽傳遞給了祖先，透過個人奮鬥為家族低微的血脈贏得名聲。因此，當對他們授予貴族頭銜時，是按照有多少代先人會因此而備受尊重來定級的；有些人只令父輩享受到榮譽，而有些人則使榮光萌蔭到前五代乃至十代的祖先。祖先因為當下之人而重獲生命，他們的高貴是生動鮮活的，換句話說：是不只存在於過去的。[12]

---

[12] 如前所述，我們只是將「體面」一詞帶回到了它最原始的語境中，並且與繼承毫無關係。此處並沒有對「貴族血統」在歷史上頻繁出現的事實進行論述。因此，這個問題未被觸及。

　　直至羅馬帝國，「體面」都並未成為一種正規表述，而在此後便成為了正處於衰落之中的世襲貴族的反義詞。

　　在我看來，體面就是努力生活的同義詞，意味著對自我的超越，並將這種超越作為根本的任務和義務。若從這個角度來看，那麼貴族生活就與普通人的或者說怠惰的生活形成了鮮明的對比，後者幾乎靜止地消極依賴於自身，甚至背負著安於現狀的原罪，除非有一股外部的力量強迫它去突破自我。因此，我們將「大眾」一詞冠在這類人群的頭上，並不在於其人數之眾，而更多因為他們表現出的惰性。

　　隨著生活的不斷發展，人們越來越意識到大多數的男人——當然了，也包括女人——除了對外界刺激做出本能樣的反應外，從沒付出過更多的努力。從這一點來說，那些我們偶遇的、能夠自發且樂在其中努力奮進的少數人，就從人群中鶴立雞群般地突顯出來，換句話說，具有極為特殊的意義。他們都是菁英，是配得上貴族稱號的人，是真正在活著而非被動應對的人。對他們而言，生命就是不斷地奮進，是一個持續進行中的修練過程。在這裡，修練＝苦行。他們就是真正的苦行者。對於此處似乎很顯然的跑題，讀者並不必感到過於驚訝。為了去定義真實的大眾——那些和過去如出一轍的「大眾」，如今卻試圖將「菁英」排擠掉的大眾——就有必要將融合在他們身上的兩種純粹形式進行一番對比：標準大眾和天生貴族，或

者說奮鬥圖強的人。

　　現在我們可以將討論加速向前推進了，因為在我看來，我們現在已經掌握了當今人類主導類型的關鍵，即他們的心理方程式。隨後的一切討論都是據此而生的結果，一種必然的、根本的後果，總結起來或許可以做如下表述：這個由 19 世紀組織起來的世界在造就新人類的自發過程中，將強大的慾望和滿足其慾望的各種有力手段通通灌輸給了他們。其中包括了經濟、體質（比如衛生保健，令他們具有比以往任何時代更高的平均健康水平）、法律以及技術等方面（我指的是部分知識的巨大數量以及如今普通人掌握它們的實際效率，都是為過去所欠缺的）。在為他們配備齊全所有這些力量後，19 世紀便留其自生自滅，於是那些平庸之人便不得不遵循著天性縮回到自己的軀殼裡面。因此，我們目之所及看到的大眾，要比以往任何時候都更強大，但是又與完全封閉於自己世界中的傳統類型截然不同，因為他們不準備順服於任何人或任何事，同時還相信自己完全可以自給自足——總而言之一個詞：桀驁不馴。如果他們就按照現在的樣子繼續發展下去，那麼在歐洲，事實會一天天變得顯而易見——透過對這個世界的映像——即大眾會越來越拒絕聽從任何形式的指導。對我們的大陸而言，一段艱難時期即將來臨，很有可能在突然降臨的痛苦中，他們會有一瞬間，出於極度迫切的形勢而產生服從於更優越的少數派指揮的良好願望。

但是，即使那樣的良好願望同樣會招致失敗。因為他們靈魂的基本紋理已經被鍛造成了冥頑不靈和不順從的樣式。他們天生缺乏對自身以外的關注，無論是外界的事實還是人物。哪怕他們想要跟從某些人，也難以做到。他們有要去傾聽的願望，卻發現生來耳聾。

另外，僅是想像當今的大眾——無論他們的生命水準相較之其他時代已經顯得多麼優越——有能力去獨立掌握文明的程序，都十足荒謬。注意我說的僅僅是程序，而不是進步。僅僅想要儲存我們當前的文明就已經是一件極其複雜之事，要求不計其數的精細力量。普通人完全不適合去引領文明，因為縱然他們已經學會了運用大部分文明的裝置，但是從本質上來講仍然對文明的種種原則一無所知。

我要向耐心聽我講到現在的讀者重申的一點就是，不承認事實的重要性並非主要展現在政治意義上，相反，公共生活中最有效也最顯而易見的政治運動，實際上只不過是其他更隱祕、更不可捉摸的因素的最終產物。因此，政治上的不順服倒也沒有那麼重要，畢竟它不是源自於更深層也更具決定性意義的心智上的不馴服。所以直到我們對後者展開分析之前，這篇文章的論點都是站不住腳的。

第八章　大眾干預一切，並且為何暴力是其唯一的手段

　　現在我們可以基本認定，發生的一切貌似矛盾重重，但實際上又是最自然不過的事情：當世界以及生活對普通人完全敞開後，人們的靈魂卻閉鎖於自我之中。因此，我認為，正是以這種普通靈魂的閉塞為基礎形成了大眾的反叛，而反過來，大眾的反叛又成為了擺在當下人性面前的最大問題。

　　我很清楚，我的很多讀者並不贊同我的觀點。這非常正常，並且反而進一步證實了我的結論。因為，雖然可能最終證明了我是錯的，但是仍不可否認的事實是，很多持反對意見的讀者甚至都沒有花上五分鐘的時間去思考這個複雜的問題，所以他們又怎麼可能像我這樣看待問題呢？雖然我相信哪怕他們之前並沒有經過真正的思考形成自己的觀點，也仍有權對此發表意見，但這卻進一步證明了他們顯然屬於那一類荒謬的人群，即我所稱的「反叛的大眾」。他們已經將我所說的靈魂之門緊緊鎖上，密不透風地緊閉上了，我們由此看到的是心智層面上典型的冥頑不靈。該個體發現自己已經擁有了一系列的想法，於是他決定滿足於已有的，並藉此自視為達到了精神上的完滿。由於他們感到在自我之外已經無所缺憾，便確定無疑地在其精神

儲備中安頓下來，這就是自我閉塞的機制。

　　大眾視自己為完美的所在，而菁英人士倘若持有相同的觀點則需要相當程度的自負。但即使這樣，菁英人士自視完美的感受與其本身也並非一體，它不是天然質樸的，而是源於他的自負，甚至對他們來說，那感受本身就是虛妄的、幻想的、疑竇叢生的。因此，自負的菁英對他人有著強烈的需求，他需要從他者身上獲得支持，以確信其關於自己的觀點。因此，即使被病態的環境所包繞，即使被虛榮心矇蔽雙眼，所謂「體面」的菁英也依然不會感覺自己真的實現了圓滿和完整。而與之相對可謂根深蒂固的，是我們時代的普通人，或者說是新時期的亞當（Adam）們，他們卻從來不會對自身的豐盛產生懷疑。和亞當一樣，他們的自信心是伊甸園式的。他們靈魂中固有的冥頑構成了巨大的障礙，使其無以獲得發覺自身之不足的必要條件，也就是說他們不會將自己與他者進行對比。拿自己與他人做對比就意味著至少一刻的脫離自我，在那一時刻裡將自己的存在轉移到周圍。但是，此番遷移能力著實為普通的靈魂所稀缺，畢竟那是一種終極形式的運動。

　　於是，我們發現自己也面臨著同樣的差異，存在於愚鈍者與聰明人之間的永恆差異。後者總是能在自己險些淪為愚蠢之輩前及時懸崖勒馬，他們耗費了極大的精力去避免近在咫尺的愚鈍，而他們的智慧正扎根於為此所付出的抗爭之中。而另

一方面，冥頑之人卻對自己毫不起疑，他們相信自己是所有人類中最為精明的，因此他們帶著令人羨慕的心安理得安住於自身的冥頑之中。就像無法將某些昆蟲從牠們的巢穴孔口捕獲一樣，我們也無法於其冥頑之中將這些人解救出來，讓他們從當下盲目的處境中脫離片刻，將自己遲鈍的視野與那些更敏銳的視覺進行比較。冥頑者之冥頑在於其對生活全然缺乏深思熟慮的能力。這也是為何安那托爾‧佛朗士（Anatole France）會認為，冥頑者比無賴更無法無天，因為畢竟後者耍無賴還會時有停歇，而冥頑者卻從來不會擺脫愚蠢。[13]

　　我們談論的並不是一個大眾就是笨蛋的問題。恰恰相反，他們今天變得更聰明了，比以往任何時代的同伴都有更強的理解能力。但是，這種能力對他們而言卻派不上任何用場，實際上，對擁有能力的隱約感受反而令他們更深地將自己閉鎖，嚴重妨礙了他們對能力的切實運用。他們一勞永逸地將所有碰巧堆積在其腦海中的各種老生常談、偏見、假想或空話接受下來，並靠著一股只能用天真來解釋的餘勇，試圖將其強行推廣至各處。這正是本文第一章中所概述的我們這一時代的特徵：它並不是平庸之人深信自身的無限卓越、否認其平庸本質；而是在於他們非但不否認平庸，還到處宣揚並強制推行平庸的權利，或者說將平庸本身視為一種權利。

---

[13]　我經常自問下面這個問題。毫無疑問，對很多人而言，生活中最大的折磨就是跟其愚蠢的鄰居接觸，甚至發生衝突。那麼，為什麼從來都沒有人 —— 在我看來是這樣的 —— 試圖論述這一主題，或寫一篇關於愚笨者的論文呢？

　　由平庸的心智統領當下的公共生活，或許是現今處境中最為新奇的部分，迥異於一切過去的情況。至少在迄今為止的歐洲歷史上，庸常之輩從沒相信自己對事物能夠形成「思想」。他們擁有信仰、傳統、經驗、箴言以及心智習慣，但是卻從來不曾想像對那些諸如政治或文學之類的事物是什麼或應該是什麼持有理論觀點。對於政客們計劃或推行的規則，他們或給予或保留自己的支持，但無論是正面還是負面的，他們的行動都僅限於作為對他人之創造的一種呼應和迴響。他們從沒有想過去反對政治家的「思想」，更不用說以自己所持有的看法為基準去對政客們的「思想」進行評判。在公共生活的其他方面，諸如藝術等領域，情況也大致如此。他們天生對自身的局限性有所意識，明白自己並不具備建立理論的資質[14]，這種認識有效地防止了他們僭越。在這種意識下所產生的重要結果，就是庸常之人從不試圖 —— 哪怕稍稍動念也沒有 —— 為公眾活動進行決策，那對於他們而言是過於理論性的。然而與之相反的是，如今的普通人對宇宙中發生的或即將發生的一切事物，都持以最精確的「思想」。從而，他們失去了傾聽的功能。如果在其自身範疇內已經具備了所需的一切，那麼還有什麼去聆聽的必要？如今已經失去了任何去聽的理由，取而代之的是去判斷、去發出宣告以及去做出決策。毫無疑問，在從不曾干預過的公共生活中，如今他們正既盲且聾地強制推行著自己的「觀點」。

---

[14]　這種情況是無法避免的，每一種觀點的表達都意味著一種理論化。

但是，這難道不是一種發展嗎？大眾具有了自己的「思想」難道不是一種巨大進步的跡象嗎？也就是說，這不正意味著他們受到了教化嗎？絕非如此。他們的思想並非真正的思想，更不是有文化的象徵。思想意味著檢驗真理，對真理步步緊逼。想要擁有思想的人，首先要做足心理準備，接受真理以及由其強加而來的遊戲規則。當拒絕接受更高權威的規約以及一系列可以訴諸的標準時，談論思想觀點毫無意義；而這些標準，正是文明寄託於其中的原則。我並不在乎它們以何種形式存在，但我敢肯定的是，如果沒有我們同時代的人引以為據的標準，那麼文化便無從談起；如果沒有訴諸裁判的法律法規，便不可能有文化的存在；如果沒有對爭端中可供參考的最終智識立場的接受，也就沒有所謂的文化[15]。沒有任何一種文化，經濟關係能不受限於保護各方相關利益的調節原則；在所有文化中，審美爭辯無一不意識到品評藝術作品的重要性。

　　如果以上種種全部欠缺，那麼就不可能有文化存在；從最嚴格的意義上來概括，這就是野蠻。讓我們不要再自欺欺人，在大眾反叛的進程中，野蠻正是逐漸開始籠罩歐洲的真相。曾經去往野蠻國度的旅人一定清楚，在那些大陸上，沒有可以訴諸裁決的統治規則可言。確切地說，那裡都沒有所謂野蠻人的

---

[15]　如果參與到我們的討論之中的某些人不考慮調整自己以適應真理，如果他並沒有親自去發現真理的意願，那麼在心智上他便與野蠻人無異。實際上，無論他的發言、演說還是寫作，所處的都是大眾的立場。

標準。所謂野蠻，就是可以訴諸裁決的標準的缺席。

標準精確度的高低，可以作為衡量不同文明程度的量度。如果缺乏一定的精確性，那麼這些標準就都只是大致上的模糊存在；而如果有很高的精確性，它們就會細緻地滲透到一切活動的執行中。[16]

任何人只要稍加觀察都能發現，在過去的幾十年裡，一些「奇怪的事情」開始出現在歐洲。為了給出具體的事實來說明何謂「奇怪的事情」，我將以某些政治運動為例，比如工團主義和法西斯主義。不能僅僅因為它們是新生事物，就將其視之為奇怪異類。歐洲人天生熱衷於新奇事物，以至於創造出了就我們所知範圍內最為動盪不安的歷史階段。在這種新情境下，這些新鮮事物的奇異元素並不在於其本身性質的新奇，而在於它們所採取的特殊形式。隨著工團主義和法西斯主義者的誕生，歐洲第一次出現了不想給出理由，也不在乎自己是否正確，只顯示出強加個人觀念之決心的一類人。這才是事情的新鮮之處：權利不再講究是否合情合理，即出現了「非理性的理性」。我從中看出了大眾嶄新的心智狀態中最明顯的表現，他們決定在缺乏能力的前提下掌管整個社會。

---

[16] 西班牙人知識文化的貧乏，並不在於知識儲備少，而在於調整自己以適應由說話或寫作之人呈現出來的真理時，習慣性地缺少謹慎與警醒。問題的關鍵並不在於判斷的正確與否 —— 真理並不在我們所及的範圍之內 —— 而是由於謹慎和警醒的缺乏，從而一併缺少做出正確判斷的基本條件。我們就像成功拒斥了摩尼教徒的鄉村牧師，在站定立場前甚至都不曾試圖去理解他們的信仰。

在他們的政治領導中，嶄新心智狀態的結構以最原始，也最令人信服的方式被揭示出來；但是其中的關鍵，仍在於我們已經提到過的精神上的冥頑不靈。

普通人發現自己的腦子裡充滿了各種「思想」，但是他們缺乏理論思維的能力。他們甚至對令思想得以存續的最稀薄的大氣環境都一無所知。他們希望能有自己的觀點，但是卻不肯接受形成任意觀念所必需的條件與前提。因此，實際上他們的觀點充其量只能算是一種表達的慾望，類似於音樂上的小調。

擁有個人觀點，意味著相信自己具備擁有其的條件，也就意味著承認觀點的形成存在著理性條件，承認這是一個可理解的真理世界。擁有思想、形成觀點，也就意味著將自己訴諸於某種權威，接受其制定的法典和決定，並進而承認交流的最高形式是對話，在對話中討論並檢驗我們觀點的依據。可一旦接受了這樣的討論，大眾人就會感到自己迷失了，因而對接受自己之外更高權威的義務持有本能的拒絕態度。因此，歐洲的「新生事物」就是「與對話無關」，對一切形式的交流滿懷厭惡，因為其中都暗示著對客觀標準 —— 從社交到議會，以及科學 —— 的接納。這就意味著對建立在文化基礎之上的、受制於標準的公共生活的完全背離，從而回到封閉主義的大眾生活狀態。為了直接達到將願望強加於社會生活的目的，一切規範的過程都被抑制住了。就像我們之前已經看到的，靈魂上的封閉

迫使大眾對整個公共生活橫加干涉，並且不可避免地導致其干涉行為只有唯一的方式：直接行動。

當對我們這個時代的起源進行追溯時，我們將會觀察到，最先奏響其特殊旋律之音符的團體，是 20 世紀法國的工團主義者和現實主義者，正是他們創造出「直接行動」的方法並為其命名。人類總是會求助於暴力；有時候這種求助只不過是犯罪，這並非我們的興趣所在。但是在另外一些時候，暴力則成為了人們傾盡全力保護擁有的 —— 或自認為擁有的司法權利無果後，所能訴諸的最後手段。可能人類天性的暴力傾向是非常令人遺憾的事實，但不可否認的是，它同時也意味著對理性和公正的最大貢獻。因為被激怒的理性正是讓人陷入暴怒的原因，實際上，暴力才是理性的終極。習慣上對這一表述持有的諷刺態度其實相當愚蠢，因為它恰恰清楚地指出了從前對力量的服從正是理性的方法。文明歸根究柢不過是為了提高達到理性終極的閾值。如今，我們正以驚人的清晰度看清這一事實，因為「直接行動」存在於對秩序的顛覆中，並宣告暴力即終極的理性，或者嚴格意義上講是唯一的理性。它作為一項標準，提出了廢除其他一切標準的要求，壓制住我們的目的與其執行之間的一切仲介過程，可謂是野蠻主義的自由大憲章。

回望過去很容易發現，在任何一個時代，只要大眾參與到公共生活中來，無論出於這樣還是那樣的目的，採取的都是「直

接行動」的方式，這便是當時大眾的行為方式。而這篇論文的觀點正被當下顯而易見的事實所證明，即當大眾在公共生活中壓倒性的干預從偶然的、罕有的活動發展成為一種正當性行為時，「直接行動」便成為了公認的方法。

我們全部的公共生活都處於這種政體之下，對「間接」權威的呼籲通通遭到了抑制。在社會關係中，「良好舉止」不再具有影響；文學淪為「直接行動」施行凌辱的一種手段；同時，對兩性關係的規約也不斷降低了。

節制、標準、禮貌、婉轉、公平以及理性！這些都是為了什麼被發明出來！為什麼要創造出這些微妙複雜的東西？它們可以共同總結為一個詞：文明；而透過這一詞彙的詞根，也就是公民，其真正根源得以揭示：正是以文明作為方法，人們嘗試著令城市、社群以及公共生活變成可能。因此，如果我們仔細探究剛剛列舉出來的種種文明要素，我們也許能找到它們之間共同的基礎。實際上，種種要素於本質上都存在一個前提，即假定每個人都能考慮到他人，關心他人。文明的首要前提，就是共同生活的願望。一個人對他人有多視而不見，決定了他的不開化及野蠻的程度。野蠻實際上就是一種分裂的傾向。相應地，每一段野蠻時期中人類都分散而居，都形成了相互隔離的小團體，並且彼此間抱以敵對態度。

最能代表將共同生活作為最崇高事業的政治形式就是自由民

主政體。它將為他人著想的決心發揮到了極致，並且是「間接行動」的典型。自由主義是一種關於政治權利的原則，根據這一原則，公共權力儘管擁有無上力量，卻仍需自我限制，即使以其自身為代價，也要盡量在其所統治的國家裡，為那些思考與感受均不同於強者 —— 也就是與所謂的大多數不同 —— 之人留出足夠的空間。如今看來，自由主義稱得上是至高形式的慷慨；這是大多數讓步給少數人群的權利，因此也是這個星球上曾迴響過的最高尚的聲音。它宣告著人們與敵對勢力共存的決心，更重要的是，哪怕所謂的敵人比自己更加弱小。人類竟能發展出如此高尚的態度簡直不可思議，它太自相矛盾、太微妙、太複雜，同時也太過於違背人類天性，因而也就不必驚訝於也是同一群人迅速生出想要將其擺脫的急切。那是一種過於困難而複雜的規則，以至於根本無法在地球的土壤中扎實地生根發芽。

　　將我們的存在與敵人共享！讓反對勢力來共同統治！這種形式的溫柔不是顯得有點不可理喻嗎？沒有比已經鮮有國家存在反對派的事實更能清楚地說明當下時代的特徵了。基本上在各個國家裡，都是同質的大眾集體在逐漸壓制公共權威，戰勝並碾碎任何敵對組織。當人們看到大眾那緊湊、群集的外觀時，又有誰會不相信他們呢？他們並不願意和異己者分享生活，大眾對自己以外的任何存在懷以絕對的憎惡。

第九章　原始與技術

　　很有必要強調的一點是，我們在此聚焦的是對一種情境的分析，即當前的實際情況，其本質具有模稜兩可的特性。因此在本章的最開始我便要指出的是，當下這個時代的全部特點，尤其是大眾的反叛的特點，都是一體兩面的。二者中的每一種都不僅承認，並且也需要對其做出雙重的解讀，無論是有利面，還是不利的另一面。而這種兩重性並不取決於我們的思想，而是根植於現實本身：當前的形勢並非從某個角度看就是好的，而換個角度則可能顯出對我們不利的一面，興旺或衰落的潛在可能性本就如雙生般包含在現實之中。

　　我們沒必要讓這篇文章背負上純粹歷史哲學的厚重感，但顯而易見，它得以寫就的基礎正是我個人哲學信念的根基。我並不相信絕對的歷史決定論。相反，我相信所有生活，以及由此而產生的歷史生活，都是由單獨的瞬間所構成，其中每個瞬間對於上一刻而言都是相對不確定的。因此，現實表現得猶猶豫豫，左右為難地步履不停，並且在面對各種可能性時，對於是否決定其中的一種或另外一種猶豫不決。正是這種形而上學的猶豫態度，賦予了每個生命以振動共鳴的明顯特徵。

　　實際上，大眾的反叛很可能是向某種全新的、史無前例的人性組織形式的過渡，但也有可能成為人類命運中的巨大災

難。試圖否認進步是毫無道理的，但有必要糾正認為此番進步安全無虞的觀點。更符合事實真相的看法應該是承認若不受「過密化」和退化的威脅，也就沒有所謂的進步和演化。一切在歷史上皆有可能，成功而無限的發展總和週期性的衰退存在著平行的對應關係。至於生活，無論是個人的還是集體的，無論是普通人的還是歷史性的，作為宇宙中的實體存在，其本質無疑都是危險和冒險的集合體。因此，用嚴謹的詞彙來概括生活的話，那就是戲劇性。[17]

這種普遍真理需要在「危急瞬間」──例如當下──表現出更大的力量。因此，在大眾的領導下誕生的新組織中所表現出來的、那些被我們歸類於「直接行動」的新行為，可能也都預告著未來的完美。很顯然，每一種古老的文明都會為其磨損的組織所拖曳，生出的老繭也僅僅是有毒的渣滓，毫無疑問將構成生活的障礙。死氣沉沉的制度、已經沒有任何意義和必要性的繁複的解決方案、缺乏實質性內容的標準等，所有這些曾一

---

[17] 有必要指出的是，幾乎不會有人對此表述持嚴肅態度，即使最用心的人也只會將其理解為一種隱喻，無論它的含義已經多麼明顯。只有個別讀者足夠坦率，承認自己並非全然知曉生命的奧祕，或至少不了解到底什麼是生活，也只有他們才有可能被這些說法最基本的意義說服，判斷其對錯，最終成為準確理解之人。在其他人中，將會出現最情感充沛的一致同意局面，在他們之間存在的唯一區別就是：嚴肅地講，有些人相信生命就是靈魂的存在過程，而另外一些人則認為生命意味著一連串的化學反應。如果讀者如此全然封閉地去理解我的整條思考路線，那麼相比較而言，我的觀點並沒有多少改進。我認為，生活最根本的意義並非存在於生物學意義上，而是伴隨著傳記學的意義而誕生。在人類的生命傳記中，任何一種生物學分支無非只是其中的一個篇章，而在生物學家的生活傳記中，也只占他所完成的一部分。除此之外，其他所有內容都是抽象、虛幻以及神話罷了。

度構成文明和「間接行動」的成分，都需要經過一段極度狂熱的簡單化過程。浪漫主義時期的大禮帽和長大衣，遭到了如今便裝和襯衫的肆意反擊。在這裡，簡單化意味著健康以及更好的品味，因此也就代表了完美的解決方案，就像通常採用更小的手段卻能獲取更多一樣。浪漫愛情之樹的枝杈也急待修剪，以便擺脫攀附於其上的那些扭捏作態的木蘭花、那些肆虐著遮天蔽日的蔓生植物，以及它們扭曲、盤旋的分支。

一般意義上的公共生活 —— 尤其是政治生活 —— 迫切需要重新回歸到現實，腳踏實地；而歐洲人如果沒有經過脫光偽飾的衣服，深入思索其純粹的本質，重返真實自我的蛻變，便難以像樂觀主義所期待的那樣翻著觔斗實現轉化飛躍。如果想要擁有一個更有價值的未來，必須如此這般將道路障礙清除，即堅持將偽飾徹底剝光的原則，保有對成為真實自我的熱忱，這亦指引著我對關於過去的一切均主張完全的思想自由。透過未來，我們得到了關於過去應持以何種態度的指示。[18]

但很有必要強調的一點是，要避免 19 世紀的領導者們犯下的巨大錯誤：他們對自己的責任缺乏認識，以至於沒有保持警覺並時刻留心觀察；他們在事件的發展過程中漫不經心地順坡

---

[18] 不過，這種對過去的自由態度，並非指的是暴躁失控的叛亂，恰恰相反，它是每一個「批判時期」都存在的明確義務。如果我為遭到大眾粗暴進攻的 19 世紀自由主義進行辯護，也並不意味著我就放棄了對於自由主義發表意見的思想自由。反之，在本文中以其最壞面貌出現的原始主義在某種程度上仍是每一偉大歷史進步的必要條件。

而下，在精神上對危險——即使最愉快的時刻也不曾鬆懈的危險——的範疇變得麻木，而這恰恰意味著難以履行自己的責任和義務。如今倡導一種程度可稱之為誇張的責任感已經變得極有必要，以便激勵那些對此有所感知的人，並且似乎極其迫切地需要去強調當今時代之顯而易見的危險症狀。

毋庸置疑，在對我們的公共生活進行衡量的過程中，如果不從其現在的狀況入手權衡，而是按照它們預兆並允諾未來會變成的樣子去考慮，那麼不利的方面要遠遠壓過有利的一面。

如今在生活中所體驗到的一切物質可能性的提高，當面對關於歐洲命運正在浮現的可怕問題時，其背後都潛伏著破滅的風險。對此，我已經清楚地表述過：社會的方向已經被一群根本對文明的規則漠然視之的人所掌控。他們對規則的無視並不單純針對這種或那種文明，而是對如今我們所能評斷類型的所有一切文明的無視。當然了，他們還是對麻醉劑、汽車，以及其他諸如此類的東西興趣盎然的。不過，這一事實只不過是在進一步證實他們從本質上對文明的漠視，因為他們所感興趣的只是文明的產物，他們對此表現出的熱情只會更進一步加劇他們對使其得以誕生的規則之漠然態度。對此，提出如下事實就已經足夠了：自從自然科學誕生後——也就是說，從文藝復興開始——人們對科學的熱情就在隨著時間的推移而不斷高漲。更具體地說，就是將自己投入到純粹科學研究中的人口比

例在逐代增長。首次出現的衰落——我重申一下，是相對的衰落——是在當下二十歲到三十歲之間的一代，想要將學生們吸引到做純粹科學研究的實驗室變得越來越困難起來。與此同時，工業化卻已經達到了其發展的巔峰階段，人們普遍對運用透過科學創造出的儀器和機械表現出持續上漲的欲求。如果我們不嫌囉嗦的話，還可以列舉出同樣出現這種不協調的各個領域：政治、藝術、道德、宗教，以及每一天的生命活動。

　　如此矛盾的情況對於我們而言有什麼意義呢？這篇文章就是在嘗試著為這個問題準備好答案。所謂意義就是如今位於統治地位的人屬於一種野蠻的類型，是一群在文明世界中崛起的野蠻人。世界是文明的，但它的居民卻不是：他們看不到所處世界的文明，但是他們卻在享受文明的成果，彷彿那是渾然天成的。新新人類想要汽車，享受風馳電掣的快感，卻以為那是伊甸之樹上自發生成的果實。在他們的靈魂深處，對文明之中包含的幾乎不可思議的人工特徵一無所知，並且完全不會將熱情延伸到令一切成為可能的原則上。在前面的論述中，我透過援引拉特瑙的言論指出我們正在目睹一場「野蠻人的垂直入侵」時，看起來也許只不過是（也通常是）一種「言論」而已。但現在再回頭重新審視就會發現，我的表述中蘊含著的可能是真相或是一個錯誤，但無論怎樣都是簡單「言論」的反義詞，是將所有複雜的分析總結起來的正式定義。實際上，大眾人就是一群

原始人，搧動著翅膀登上歷史悠久的文明舞臺。

如今，技術知識的驚人進展引發了持續不斷的討論，但即使在最精闢的討論中，我也沒看到對科技的未來出現了什麼足夠激動人心的認識。史賓格勒本人確實敏感而深刻 —— 雖然容易受制於狂躁 —— 但在我看來，他對此也表現得有點過於樂觀了。因為他相信，在經過「文化」的時代後，一定能夠成功抵達「文明」的時代，而他對文明的理解更多都停留在技術效能的層面上。史賓格勒關於「文明」以及歷史的觀點，本質上與本文的基本觀點相差甚遠，即使是出於修正的目的，想要對他的結論進行評價也具有相當難度。所以，只得透過巨大的跳躍並省略掉其中具體的細節，才能把兩種觀點統一起來，粗略指出其中的差異。

史賓格勒相信，哪怕對文明所依託的種種規則失去了興趣，「技術」依然能夠繼續生存下去；而我卻無法說服自己相信任何類似這樣的觀點。技術和科學是同質的，當科學不再對其自身感興趣的時候，它也就喪失其存在了；而除非人類持續對文明的普遍規則保持熱情，否則這種興趣很快也將無從談起。如果這份熱情開始降溫 —— 就像已經開始出現的那樣 —— 那麼技術只能出於啟動它的文明動力之慣性而苟延殘喘有限的時間。我們在生活中會產生技術上的需求，卻不以此為生。它們不是生命的原因，而只是在非必要，也沒什麼根基的活動中產

生的一種有用的、實際的沉澱。[19]

　　更進一步說，對技術實際成就產生的興趣毫無意義，甚至對所得成就的發展及其存續時間所產生的興趣也價值寥寥。將技術視為「現代文化」的特徵性標誌是沒有任何問題的，這裡所謂的現代文化中便包含了能保證物質極大豐富的科學。因此，當描述孕育自 19 世紀的生活的最新面貌時，我只看到了兩點：自由民主和技術主義。不過，我要再次強調，當我們說到技術主義時，以下重要事實竟被忽視著實令我驚訝不已，即技術主義生命力的核心在於純粹的科學，其存續的必要條件與純粹科學的活動發展緊密地交織在一起。有沒有人曾經想過，在人類的靈魂中有哪些部分必須保持活力，以便讓「科學人」繼續存在於現實的真理中？難道真的有人相信只要有錢就有科學嗎？這種讓無數人鬆了一口氣的觀點，不過為原始主義復甦提供了進一步證明。

　　想像一下，這就像存在著無數本質上完全不相干的原料，人類把它們聚斂到一起，搖勻，製成一杯物理化學的雞尾酒！哪怕對這一主題進行最敷衍的檢驗，顯而易見的事實也會立即躍然浮現：在整個時間和空間維度上，物理學和化學只在一個由倫敦、柏林、維也納和巴黎構成的閉合小四邊形中充分建立起來，並且還只限於 19 世紀。這已經足以說明實驗科學可能是

---

[19]　因此在我看來，以「技術主義」為北美下定義解決不了任何問題。困擾歐洲人思想最深的事情之一，就是關於北美做出的種種幼稚判斷，即使最有文化的人群也不例外。這是一種特殊情況，反映出在當下問題的複雜度和當代思想的容量之間存在著嚴重的不平衡，我稍後會做進一步說明。

歷史最難能可貴的產物。先知、神父、武士以及牧羊人，在各個地方、任何時期都有相當之眾，但具有實驗精神之人群的誕生，則顯然需要伴隨一種比獨角獸的誕生更為超凡的環境。面對這一赤裸裸又清晰冷靜的事實，我們需要對科學靈感那極度不穩定的、時刻蒸騰翻湧著的特性進行一番深省 [20]。有些稱得上無憂無慮的人們相信，即使科學行將在歐洲消失，它依然會在北美重獲新生！

如果能對這一問題進行徹底的探討，尤其是從細節處分析對實驗科學以及由此產生的技術成就極其關鍵的歷史預設，將有重大的意義。但不要對大眾抱有希望，即使觀點能夠被闡述清楚，大眾也無法理解。大眾的注意力並沒有給論證留下餘地，他們知識的唯一來源只可能是自己切身的體驗。

有一項觀察結果令我無法在如此長篇大論的實際效果上自欺欺人，因為基於理性之上的事實必然是精細微妙的。在當前的實際情況下，是否它也並不全然荒謬呢？畢竟如若沒有其他人的宣講，普通人對科學以及生物學相關的科學不會自發地生出強烈的熱情。因此，只需考慮一下真正的情況如何即可。雖然很明顯其他所有文化成分 —— 政治、藝術、社會準則以及道德本身等 —— 都疑慮重重，但仍然有一個方面以最不容置疑和最合適的方式突顯出其不可思議的效率，令大眾對此印象深刻：

---

[20]　在此並沒有論及更本質的問題。甚至就連大多數的研究者自身，對他們的科學正在經受著的沉重而又危險的本質性危機也沒有產生絲毫懷疑。

那就是經驗主義科學。每一天它都會創造出新的發明供大眾使用；每一天它都會發明出新型麻醉劑或疫苗令大眾從中受益。人們都很清楚，如果科學靈感沒有枯竭，如果實驗室的數量擴增到現在的三倍或者十倍，那麼必然會出現財富、舒適度、健康狀況以及繁榮程度的幾何倍數增長。是否還能想像出比這更強大、更有說服力的宣傳來支持這一重要原則呢？既然如此，為什麼沒有任何跡象表明大眾為了賦予科學更大的價值而自願承受金錢或精力的犧牲呢？實際情況簡直離題萬里，戰後時期的科學人已經淪落成一種新型的社會賤民。需要注意的是，我指的是物理學家、化學家和生物學家，並不包括哲學家。哲學不需要來自大眾的任何保護、注意和同情，它仍保持著自己無為而治的特質 [21]，從而使得自己免於向大眾阿諛逢迎的命運。哲學對自己從本質上便是存疑的這一點存在清醒的認識，並快樂地接受了自己如空中飛鳥般自由的命運，沒有要求任何人對其予以重視，也無需毛遂自薦或為自己進行辯護。如果它最終真的成就了某人的優勢，那一定也只是從人類簡單的同情心中得到了樂趣；但是它從不以為他人謀利而存在，亦不對此抱以任何希冀與期待。如果從一開始就對自己的存在持懷疑態度，僅僅生活在與自己鬥爭的尺度上，否認並剝奪自身的生命，又怎麼要求別人的嚴肅對待呢？因此，讓我們先把哲學的問題放一邊吧，那是另一種規則下的冒險。不過，實驗科學確實需要

[21] 參見亞里斯多德（Aristotle）的《形而上學》（Metaphysics）。

大眾人的合作，就像大眾人對它的需要那樣，一旦缺失便將陷入分裂的痛苦：倘若在一個沒有物理學和化學的星球上，如我們今天這般眾多的生命是無法存續的。

　　還有什麼樣的理論依據能比人們開著汽車風馳電掣地來來去去、注射嗎啡後奇蹟般地痛苦盡消等事實更強而有力地給以科學支持？相比科學給予大眾的穩定而又明顯的福利，大眾對科學所表現出的興趣是多麼的不成比例。如今已經不能再用幻影般的希望來自欺欺人了，對於做出這番表現之人，唯一能夠確定的就是他們身上純粹的野蠻主義。尤其是，就像我們很快將要看到的，這種對科學的輕忽態度竟然在技術員團體中——包括醫生、工程師等——同樣俯拾皆是。他們習慣性的職業態度，他們操用專業技能的精神狀態，與那些滿足於駕駛自己的汽車或購買阿斯匹靈的人如出一轍，卻對科學以及文明的未來，缺少最低限度的關心在意。

　　或許有些人會因為正在浮現的野蠻主義的其他種種跡象而感到不安，因為這些跡象具有積極的性質，是行動而非輕忽的產物，因而能夠引起更多的注意，更加真切直觀。但對於我而言，大眾從科學中獲取的利益以及其回饋的感恩之心——倒不如說是無動於衷更貼切——之間的不平衡，才是更為令人恐懼的 [22]。我只需提及中非的黑人同樣駕駛汽車、使用阿斯匹靈，

---

[22]　事實上，其中的殘暴比我說的還要嚴重百倍，此前我已經指出過，所有關鍵的規則，包括政治、法律、藝術、道德以及宗教信仰，都在經歷一場危機，並且在短

就可以成功地將這種認識上的匱乏解釋清楚。因此，按照我的假設來講，將要持統治權的歐洲人相對於他所誕生於此的複雜文明，必然是從天窗空降於舞臺上的原始人、野蠻人，是「垂直的入侵者」。

暫時間內即可宣告破產。唯獨科學躲過了破產，更確切地說是科學仍在每天以驚人的利息完成支付，遠遠超過其所承諾的。沒有任何解釋餘地的，以相信大眾被其他文化熱情分散了注意力而原諒他們對科學的忽視是完全不可能的。

第九章　原始與技術

第十章　原始主義和歷史

　　大自然一直環繞著我們，但它是一個自給自足的獨立系統。在大自然的叢林裡，我們可以活得像無法無天的野蠻人。同樣地，如果不存在受到來自其他文明族群威脅的風險，我們完全可以永遠這樣野蠻地過下去。從原則上來講，讓人們永遠野蠻下去是完全有可能的。德國歷史學家布萊西格將這類人稱為「永恆的日出處之人」，因為他們停滯在了一個靜止的、凍結的黎明時分，時間將永遠不會流向正午。

　　不過，這是只會發生在自然中的情況，對於我們的文明世界而言，它不可能出現。文明並非「恰如其分地就在那裡」，它從來不是自生自滅的。文明是人造的產物並且需要藝術家或工匠給予不斷的支持。如果你想享受文明帶來的好處，卻不準備去關心文明的維持，那麼只能說你在試圖掩耳盜鈴。一瞬間你便會意識到，自己被文明遺棄了。僅僅須臾之間，當你再環顧四周時就會發現，所有一切都隨風消逝了。原始叢林以其最自然的狀態呈現在你面前，彷彿遮擋住純粹自然的帷幕被拉起來了。叢林總是原始的，又或者反過來亦是如此，一切原始之地都只不過是片片荒蕪叢林。

　　任何時期的浪漫主義都充斥著暴力侵害場景，比如原始的類人生物襲擊白人婦女，不僅如此，浪漫主義還描繪出麗達

（Leda）與天鵝、帕西菲（Pasiphae）與公牛、安提俄珀（Antiope）與山羊等故事。概括地說，我們從這些畫面中發現了一種更為微妙粗俗的景象——在一片廢墟之中，文明的、幾何形的基石被淹沒在野生植被的覆蓋下。當你們可愛的浪漫主義者看到一幢建築物時，他的眼睛首先檢索到的就是在其簷口和屋頂上的黃色小野花。從長遠的角度來看，這幅畫面正意味著一切終將塵歸塵、土歸土，叢林灌木將從各處重新湧現出來。嘲笑浪漫主義者是一件很愚蠢的事情，他們自有其正確的地方。在那幅不合情理的天真畫面背後，始終存在著巨大的問題：文明和支撐於其背後的自然之間的關係，亦即理性和宇宙之間的關係。不過，我要保留在另外場合觸及這個問題的權利，倘若時機恰到好處，也許我會親自體驗一把浪漫主義者的滋味呢。

　　不過此時此刻，我要加入到一項對立的任務中，那就是關於阻止叢林大肆入侵的問題。當下，令「優秀的歐洲人」焦頭爛額的棘手問題，與在澳洲大陸已經引起重大關切的情況極為類似：如何阻止仙人掌到處蔓延，以免人類最終被它們驅逐到海洋之中？四十年代的某個時候，一個地中海移民出於對家鄉風景的思念——西西里島或馬拉加？——將一小罐可憐的小仙人掌一同帶往澳洲。如今，澳洲的財政預算被其與仙人掌之間的戰爭負擔所拖累，該物種入侵了這片大陸，並仍在以每年一平方公里的速度侵吞著土地。

大眾人相信，他們所誕生於其中並充分享受著的文明就像大自然一樣，是自發的、天然生成的，而根據這一事實來看，他們已經淪為了一種野蠻人。對他們而言，文明就是一片森林。這一點我在此前也已經講過，現在有必要再進行更仔細的說明。

　　這個文明的世界 —— 亦即需要我們努力維持的世界 —— 所倚仗的基礎規律，對於當今的普通人而言已經不存在了。他們對基本文化價值觀毫無興趣，既不承認它們與自身息息相關，也不準備服務於它們。這一切是怎麼發生的呢？原因是多方面的，但在此刻我只想強調其中的一點。

　　伴隨著發展的腳步，文明中複雜和困難的部分所占比重越來越高。而如今擺在我們面前的問題，更是其中最為錯綜複雜的。但是，在思想上能夠與這些問題的複雜程度相匹配的人卻變得越來越少。對此，戰後時期為我們提供了驚人的例證。歐洲的重建 —— 就像我們正在看到的 —— 是一件從整體來講過於繁複的事情，以至於普通的歐洲人在這方面表現出資質上的難以企及和力有未逮。倒並不是說他們缺乏問題的解決方案，真正缺乏的是頭腦。又或者說，儘管非常少，卻還是有那麼一些可勝任的頭腦，但中歐的普通大眾卻不願意將這樣的頭腦置於他們自己的肩膀上。

　　如果補救的措施遲遲沒有出現，那麼在問題的雜蕪繁複指數和可以對它們進行研究的頭腦個數之間的失衡就會進一步

加劇，進而構成我們文明最基本的悲劇。因為這一發展規則的多產性以及確定性，文明的造物在品質以及敏銳度上都有所提升，以至於超越了普通人的承受能力。我不認為這在過去曾經發生過，因為以往所有的文明都葬送於其發展規則的缺乏，而歐洲則正準備屈服於相反的原因。在希臘和羅馬出現的並不是人類的失敗，而是規則的不及。羅馬帝國因技術的缺乏而最終消亡。當它達到一個較高的人口水平後，龐大的社群不得不面對一些只有技術才能提供解決方案的切實的物質問題，這個古老的世界便開始了退化、衰落和腐朽的進程。

　　但如今的情況則不然，人類才是失敗之根源，因為他們已經無法跟上自己文明的發展腳步。每當聽到稍有見識之人談論起關於當下的最基本問題時，總會令人感到非常痛心，他們的舉動就像粗野的農人試圖用其厚實、笨拙的手指捻起桌上的一根繡花針。以政治和社會問題為例，它們仍在由粗笨的思想工具所處理，而那些工具只在此前的兩百年裡處理過複雜程度要弱上兩百倍不止的問題。

　　先進的文明和艱鉅的問題究其本質而言是一回事。因此，文明發展得越好，其所面臨的危險就越大。生活在逐漸變好，但同時顯而易見的是，它也在變得愈加複雜。當然了，隨著問題複雜程度的逐漸上升，解決問題的手段也在日臻完美。但是，每一代人都必須精通這些完善過的手段。具體說來，在它

們之中有一種手段與文明的進步最為息息相關，即其背後有大量的傳統和經驗作為依託，簡而言之就是：歷史。對於已經發展至相當程度的文明而言，歷史知識是其存續的最首要依存。倒不是說歷史能為生活條件的嶄新方面提供積極的解決方案，畢竟生活總是不同於過去的，而在於它能防止我們犯下和其他時代相同的幼稚錯誤。但是如果除了只是垂垂老去，因為飽嘗人世滄桑而開始意識到生活的艱難之外，再無他法保有關於過去的記憶，更不用說從以往的經驗中有所收益的話，那麼一切就都只是空談。以上，就是我對於歐洲當下處境的最基本觀念。

如今，即使最有「文化知識」的人也同樣令人難以置信地表現出對歷史的無知。我堅持認為當下歐洲的領導人所具有的歷史知識，要遠遠少於他們 18 世紀的同事，甚至可能與 17 世紀之人都不具可比性。正是手握統治權的少數菁英掌握的歷史知識 —— 廣義上的統治 —— 賦予 19 世紀驚人的發展可能性。

他們在 18 世紀制定出的一系列政策，恰恰是為了避免過去政治上所犯的錯。他們在反覆思索這些錯誤的基礎上構思提出新政，並且在實質上將人類的整個經驗範疇納入其中。但是，19 世紀卻已經開始喪失「歷史文化」，雖然在整整一百年的時間裡，專家們已經令歷史作為一門科學取得了驚人的進展 [23]。如今仍為我們所背負的種種難題，在相當程度上是由於這種對歷

---

[23] 此處我們已經得以瞥見一個很快就不得不涉及的問題，即存在於在給定時期內的科學狀態和其文化狀態之間的差異。

史的疏忽態度所釀成的錯誤。在 19 世紀下半葉，趨向於野蠻主義的衰退便開始出現 —— 雖然一時還躲藏於人們的視野之外，也就是說，朝著那些沒有過去，或者已經將過去遺忘殆盡的人類原始狀態衰退。

因此，布爾什維克主義和法西斯主義這兩種在歐洲以及其邊界進行中的政治「新」嘗試，實際上都可以視為本質退化的兩個典型例證。實事求是來講，如果逐一單獨分析的話，在這些學說中積極的內容理所當然都是含有部分真理的，不過，在浩瀚宇宙中又有什麼是不帶有半點真理成分的呢？而且同樣不可忽略的，是其內容在涉及理性因素時所採用的反歷史的、犯了時代錯誤的方式。和大眾人典型的行動一樣，它們同樣由那些平庸之輩所領導，那些人缺乏對歷史的記憶，更不具備「歷史的良心」。他們從一開始就表現得彷彿自己正是過去的一部分，就好像雖然活在當下，但實際上卻是屬於過去那個時代中的團體。

這並不是信仰或者不信仰布爾什維克主義的問題，我不是在談論它的教義。真正令人難以置信的是，1917 年的他們竟然真的發動了一場和以往所有形式如出一轍的革命，並且在這場革命中，早先的缺點和錯誤沒有得到哪怕最低程度的糾正。因此，在俄國發生的一切絲毫不具有任何歷史意義，甚至從嚴格意義上來講，絕非人類生命的新開端。恰恰相反，它僅僅是對永恆革命的一種單調重複，於革命史中絕對司空見慣。在某種

程度上，誕生於人類實踐之中的關於革命的種種說法中，還沒有哪些在應用於這一情況時未得到令人痛苦的證實：「革命吞噬掉其自己的子孫後代」、「革命伊始的中立政黨往往會發展成極端主義者，隨後又很快開始以某些形式復位回歸到最初的狀態」等等。這些鄭重其事的老生常談中，也許還可以再增添一些雖不廣為人知，但可能性極高的真相，其中就應該包括如下所述的這條：一場革命不會歷時超過十五年，剛好與一代人繁盛的時間相符合。[24]

任何一個立志創造一個新社會或政治現實的人，必須首先關注於此，從而確保所有歷史經驗中的老生常談都將因他所帶來的新局面而失效。從我的立場來講，我可以為這些政治家保留「天才之人」的頭銜，可一旦他們開始行動起來，在我們的大學裡那些研究歷史的教授們基本上就要抓狂了，因為他們將看到學科中所有的「規則」都會被那些人的行動所打斷，支離破碎並最終化為烏有。

透過將適於布爾什維克主義的跡象更改掉，我們或許能做

---

[24] 一代人在歷史舞臺上大概存續三十年左右時間，但是他們的活動可以劃分為兩個階段，並且表現為兩種形式：在大概前一半時間裡，新一代的人宣傳他們的觀點、偏好以及品味，很快掌握權威並在後一半的進程中處於統治地位。但是，在他們的庇蔭下被教育起來的一代人已經提出了自己的觀點、偏好以及品味，並開始普遍擴散開來。如果處於統治地位的前一代人是極端主義者，進而擁有激進的觀點、偏好和品味的話，那麼新一代就會成長為反極端主義者和反激進主義者，也就是說，在精神上大體是復原主義的。當然了，不能將復原主義理解為單純地重返老路，那是復原主義從來不曾實現過的。

出關於法西斯主義的類似宣告。兩種實驗均沒有「達到我們時代的高度」，它們並不代表整個過去的縮短，而只是為了改善過去的必經階段。和實際之間的搏鬥並非一場肉搏，未來需透過將其吞沒而取得勝利。如果遺漏掉什麼在外面，那就滿盤皆輸。

　　無論布爾什維克主義還是法西斯主義都是虛妄幻想中的黎明；它們無法帶來真正嶄新一天的開始，只不過是一些陳舊的日子在一遍又一遍地重複著：它們仍只是原始主義的。如此行動最終會陷入一種愚蠢的狀態，與過去的某些或其他部分開始一場肉搏戰，而不是試圖將其消化吸收。因此也就毫無疑問，19 世紀的自由主義必然會被超越，但這正是任何諸如法西斯主義之類自稱反對自由主義的運動所無法做到的。因為正是反自由主義者和非自由主義者構成了自由主義之前的人類。倘若自由主義最終戰勝了它的對立面，那麼除非它們一再重複自己的勝利，否則沒有任何事情 —— 無論自由主義還是反自由主義 —— 有足夠的力量終止歐洲的毀滅。這是一份無可撼動的生命年表。其中，自由主義繼反自由主義或其他類似主義之後出現，因而也就更為關鍵，就像相比於長矛，槍顯然是更厲害的武器一樣。

　　乍看之下，「反對一切」的態度似乎是在「一切」之後出現的，因為它表示出對此做出的反應，必須以預先的存在為前提。但是這種反對所代表的創新意識最終褪色為空洞的消極情

緒，殘存的唯一肯定意味就是「古老」。如果用積極的語言對這種態度進行翻譯的話，那麼當一個人宣稱自己是「反彼得主義者」時，他無非是在宣告自己是一個彼得完全不存在的世界的支持者。但在彼得誕生之前，世界本就是那副彼得完全不存在的樣子。這些反彼得主義者們，並未將自己置於彼得之後，反而令自己先於其而存在。他們倒轉整部電影至過去的情境，但彼得的再現最終仍會是一種必然。根據傳說記載，同樣的事情也發生在了孔子的反對者身上。從自然層面上來講，孔子應該誕生於其父之後，但實際上，當他誕生時已經八十歲了，而他的父親卻只有三十歲！每一個反對的聲音都僅僅是一聲空洞的「不」。

如果只要完整地說出一聲「不」，我們就能將過去徹底翻篇的話，那麼這一切都將非常美好。但是，過去自有其作為亡魂的本質。如果一定要指出來的話，那麼就是它將無可避免地重返人間。因此，唯一能夠將其擺脫的方式，就是徹底接受它的存在，關於過去表現出認真對待的姿態，而不是單純躲避。總而言之，就是既要活在「屬於我們時代的高度」，又要對歷史的情況保持絕對強烈的意識。

過去自有其道理，有其自身出現和存在的原因。如果個中原因沒有得到承認，它就會捲土重來。同樣的道理，自由主義亦有其理由，並且需要每一代人都認可。但是理由並不是全

部，其中並不構成理由的部分必須予以剔除。歐洲需要儲存最起碼的自由主義，這是想要超越自由主義的必要條件。

　　在此處提及布爾什維克主義和法西斯主義只是間接的，所考慮的也僅是它們作為時代錯誤的一面。在我的認知裡，它們的這一面與當下顯然正洋洋得意著的勝利者密不可分。因為，如今正是大眾人在享受著勝利，也就只有那些他們所構思出來的、滿足他們的原始風格的設計，能夠享有明確的勝利。但是除此之外，現在我並不打算再討論此或彼的真實本質，同時我也不奢望能解決在革命和演化之間永恆的兩難局面。這篇文章膽敢提出的終極申明，就是無論革命或者演化，都應該是歷史性的。

　　在這篇文章中，我所探討的主題在政治上是中立的，因為唯有如此它才能呼吸到比政治及其紛爭更為豐裕的空氣。保守派和激進派都人數不少，他們之間的區別 —— 在每一時期都非常膚淺 —— 至少無法阻止他們最終成為同一種人，即反叛的大眾人。

　　除非將歐洲的命運交付到真正的「現代人」手裡，那些能感受到全部歷史正在他們心底悸動、能意識到當下生活的水平面，以及對一切陳舊的、原始的態度深惡痛絕的現代人手裡，否則，歐洲將沒有任何希望。我們需要完整的歷史，不是為了回到過去，而是為了找出能夠從中逃離的可能性。

第十一章　妄自尊大的時代

讓我們繼續上一章的討論，此處我們分析的社會現實是：歐洲有史以來第一次，將自己的命運寄託在了普通人的決定之上。或者用另一種主動語態的方式來表述：迄今為止都在受他人指引的大眾人，決定親自統治這個世界。當大眾人所代表的新人類剛剛勉強可算得上成熟的時候，就已經自動做出了染指社會前景的決定。如果從關注社會生活的立場出發，對這種新型大眾人的心理結構進行分析的話，我們會得到以下發現：

1. 他們有一種與生俱來、根深蒂固的印象：生活是輕而易舉而又豐富多彩的，不會受到任何沉重的限制；因此，每個大眾人都感到自己體內充滿了一種力量感和勝利感。

2. 這種感覺令他們為自己站了出來，高估了自己在道德以及智力方面的資質，並自視為絕對的傑出者。對自己的無限滿意令他們故步自封，拒絕接受外部權威，他們不願去聆聽、去呈遞自己的觀點以供判斷，也不再考慮他人的存在。他們對權力的掌控感促使他們無時無刻不在彰顯優越。繼而，他們開始表現得彷彿自己以及自己的同類就是整個世界唯一的存在。

3. 插手其他所有事務，將其粗俗的觀點肆無忌憚地強制推行

開來，完全沒有對他人的在意或尊重。也就是說，他們的種種行為方式和「直接行動」完全一致。

正是這一系列的表象讓我們想到了人性中存在種種缺陷的人群，比如被寵壞的孩子和反叛的原始人，也就是所謂的野蠻人（不過另一方面，一般意義上的原始人反倒是已知對外界權威最為恭順的人，無論是宗教、禁忌、社會傳統還是風俗方面的權威）。對於我將如此之多貶損的詞彙堆疊在這種新型大眾人身上完全無需驚訝。當前這篇文章不過就是與這些洋洋得意之人的初步交鋒，也是在宣布將會有相當數量的歐洲人精力充沛地與那些施行暴政的企圖展開鬥爭。此刻，一切都還只是小規模的衝突，正面的進攻即將隨之而來 —— 或許已經一觸即發也說不定，並且將採取一種與本文截然不同的方式。正面進攻必須以一種大眾人無法預先防備的方式出現 —— 即使一切就發生在他們眼皮底下，也不會令他們起疑，那正是準備將其一舉擊潰的正面進攻。

如今，新型的大眾人無處不在，並且在所到之處強制推行著他們精神上的原始主義。實際上，他們正是人類歷史上被寵壞的孩子。這個被寵壞的孩子作為繼承人，表現得除了履行繼承職能之外一無是處。在這裡，文明就是為他們所繼承的遺產 —— 帶著其便利性和安全性，或者說帶著它們全部的優勢和好處 —— 被繼承下來。就像我們已經看到的，只有在一種輕鬆

舒適的氛圍裡，比如說我們的文明誕生於其中的環境，他們這種類型的人才有可能出現，正是以這樣的環境特質為前提，以上述一系列特徵為標誌的大眾人才應運而生。他們是人類物質生活過度奢靡所造成的諸多畸形後果之一。

　　人們總是傾向於相信一種欺詐性的想法，即與那些需要與貧乏不懈鬥爭的世界相比，出生於一個物質豐盛的世界能過上更好、更像樣的生活。由於一些最嚴謹也最基本的原理，事實並非如此，不過在此並無要進一步展開說明。就目前而言，拋開個中理由不談，只要讓我們回想一下那些所有世襲貴族都無以掙脫的、循環往復的悲劇事實便已經足夠了。具體來說就是，世襲的貴族會發現，歸屬於他們的身分以及生活條件等並不是由他們親手創造出來的產物，因而無法與他們的個體存在有生命地結合起來。甫一出生，他們便發現一切都已經為他們安排好了，他們已然置身於無需知其因何而來的財富和特權之中。就他們個人而言，他們與所擁有的一切毫無關聯，因為所有一切的產生完全與他們無關。那些財富和特權是其他人，也就是他們的祖先們的巨型盔甲。由於他們是帶著繼承者的身分降生的，那也就意味著，他們不得不穿上另一個人的服飾。這一事實將會帶給我們什麼啟發呢？繼承而來的貴族身分會讓他們過上什麼樣的生活呢？那將是他們自己的還是他們那高貴祖先的生活？兩者都不是。他們命中注定扮演另一個人的角色，

因此也就既成為不了他們的祖先，也做不成自己。不可避免地，他們的生活將因此喪失真實性，並轉變成另一種生活純粹的象徵或虛構。他們不得不利用的豐沛資源令他們失了將個人命運付諸實踐的機會，但生命即掙扎，他們的一切奮鬥都是為了成為自己，在這一過程中他們的生命日漸枯萎。

正是在試圖實現自己的存在時遇到的困難，喚醒並動員起了我們的活性和能力。如果身體沒有被施以重負，那麼我將不可能學會走路；如果沒有大氣予以我壓力，那麼我對身體的感受只會是一片含混、鬆弛，毫無實質感。所以，在貴族的繼承者身上，他們的整個人、他們的全部個性都將由於缺乏實際使用和至關重要的努力而走向虛無縹緲。結果就是形成了一種獨一無二的、為「我們古老的貴族」所特有的愚蠢 —— 從嚴格意義上來講，這種愚蠢之內在的、悲劇性的機制從未被描述，但所有貴族繼承者都會在這種悲劇性機制的引導下一步步墮入難以挽回的沒落。

情況如此之嚴重，以至於足以抵消我們深信極其豐富的資源將為生存提供有力支持的天真傾向。真實情況恰好相反，一個可能性過於富足 [25] 的世界會自然而然創造出畸形、惡毒的人

---

[25]　資源的提高乃至豐盛，都不能與過盛相混淆。19 世紀，隨著生活設施的增加，造成了我已經在上文指出的生命數量以及生活品質的驚人上升。但是一旦涉及到普通人的能力時，這個文明世界便顯露出其過於豐富、過於奢侈以及盈餘過盛的一面來。舉個簡單的例子：進步帶來的安全感（即日益提高的生活便利）令普通人士氣低落，但同時也讓他們充滿了信心，雖然那是錯誤的、惡毒的、不斷萎縮的信心。

類生活類型，這些類型可能被歸入一般階層，「貴族的繼承人」只是其中一種特例，被寵壞的孩子是另一種，我們時代的大眾人則是更徹底、更充分的第三種。

在所有時代和所有民族中，貴族身上都存在著一些共同特徵，如今它們正悄然於大眾人身上萌芽。比如：傾向於將遊戲和運動作為自己生活的核心消遣；對衛生保健的熱衷和對穿著的在意；在和女人交往的過程中不夠浪漫；以和知識分子交際為樂，但實質上又對他們充滿鄙視，不時命令那些阿諛奉承者或亡命之徒來懲戒他們；更喜歡生活在一個絕對權威的管控之下，而不願生活於自由討論的社會制度中，等等。[26]

即使冒著讓讀者感到乏味的風險，我也要對此反覆強調：這種充滿著不文明傾向的人、這種最新型的野蠻人，正是現代文明的自發產物，尤其是 19 世紀採取的那種文明形式的產物。他們並沒有像西元 5 世紀「偉大的白人蠻夷」那樣突然從外部衝撞進文明世界；他們也不像亞里斯多德所講的池塘中的蝌蚪那

---

[26] 在這一點以及其他方面，英國貴族似乎成為了我們所談問題中的例外。但即使著實令人欽佩，只要我們描畫出英格蘭歷史的略圖，也能驗證該例外是否符合我們上述的規律。與一般說到的情況正好相反，英國的貴族是整個歐洲最不「過盛」的，相比之下所處的危險也更為深重持久。但正由於總是生存於危險之中——也就是說一直處於不斷應對險境的狀態，他們才成功地為自己贏得了尊重。一個被人們所遺忘的基本事實是，直到 18 世紀，英格蘭都是西歐最貧窮的國家。正是這一事實拯救了他們的貴族。由於沒有經歷資源的極大豐盛，他們不得不很早便進入了商業化和工業化時代——在當時的歐洲大陸上，商業和工業往往為人所不齒——也就是說，英國的貴族很快便決定開啟一種具有創造性特質的經濟生活，不再僅僅依賴於其享有的特權。

樣，自發而神祕地在世界中產生；他們只是自己天性結出的果實。我們可以確定得出如下所述的一種法則，它得到了古生物學和生物地理學的證實：只有在可指望的資源和遇到的問題間達到平衡時，人類生活才有可能誕生並發展。情況確實如此，這在精神和物質層面擁有同等的正確性。

若要以物質生存非常具體的一個方面為例的話，我可能會想到在我們的星球上，人類族群的生存繁衍正是發生在那些有著嚴寒與酷暑的季節更迭的地方。熱帶地區會導致人類的身體退化，因而次等人種──比如俾格米人──被出現於他們之後，並在進化程度上優於他們的人種驅逐回了熱帶地區。

因此，19 世紀的文明具有這樣一種特質，它讓普通人得以在一個富足的世界裡占有一席之地，他們只能感覺到供自己所使用的方法之無限充裕，卻對可能涉及的艱苦勞作一無所知。

他們發現自己為不可思議的裝置、治療的藥物、得力的政府以及舒適的特權所圍繞。另一方面，他們完全無視發明那些藥物、裝置並且保證它們在未來的生產是一件多麼困難的事情；他們也絲毫沒有意識到整個國家的結構是多麼搖搖欲墜，對自己的義務更是沒有半點意識。

種種失衡扭曲了他們的天性，從根基上造成了深深的傷害，使得他們與生命的實質相隔離，而那從根本上來講是由絕對的危險所構成的，並且疑竇叢生。

在人類這一物種中，能夠出現的與人類生活最為矛盾的形式，就是「妄自尊大之人」。因此，一旦當他們掌握了主導權，就到了拉響警鈴宣布人性已經面臨倒退威脅的時刻了，甚至可以毫不誇張地說是開始受到來自死亡的威脅。

　　從這個角度來看，如今歐洲所呈現的生活水平面之高度要遠遠超過整個人類歷史，但是當我們把目光轉向未來的時候，就不得不憂心忡忡地意識到它既不可能保持住已有的高度，更沒希望達到更高的層次，唯一可能的就是倒退或下降到一個更低的水平面上。

　　在我看來，以上已經足以將「妄自尊大之人」所代表的極度畸形表現出來了。他們是那種以為在生活中可以「為所欲為」的人。

　　實際上，這正是紈褲子弟常常生出的幻覺。我們對其出現的原因非常清楚：在家族圈中，任何情況 —— 即使是最嚴重的錯誤，若從長遠角度來看，也是不會受到懲罰的。

　　家族圈是一個相對虛偽的團體，能夠縱容很多在社會上、在外面的世界裡即刻便會令造次者陷入災難性後果的行為。但是，身處其中的人卻以為自己在外面仍舊可以如同在家中一般行事；在他們眼裡，沒有任何事情是致命的、不可挽回的，以及不可撤銷的。這也正好解釋了為什麼他們會相信自己可以為

所欲為 [27]。大錯特錯！正如葡萄牙人的故事裡一隻學舌的鸚鵡所講的話語：「你將前往被指引的地方。」倒也並不是說一個人就絕對不能做自己喜歡的事情，但我們不能踰越我們必須做到的事情以及必須成為的樣子。想要從中解脫的唯一辦法就是拒絕完成必做之事，但這也並不意味著從此享有隨心所欲的自由。

透過這種拒絕合作的方式，我們所能擁有的只是意志上的消極自由。我們完全可以抗拒自己的真實命運，但卻只會因此而淪為命運深處的階下囚。

由於我並不認識每一位讀者，因此我無法清楚地向我的讀者們揭示他們的個人命運；但是，可能還是有一部分可以預示和闡釋清楚的共通之處，那就是在他們的命運中存在著與其他人完全一樣的切面。

例如，如今每個歐洲人都知道，包括其自身在內的所有人都一定是自由主義者，他對此的信念比他所表達的所有「思想」和「觀點」都更強而有力。此處，對於他所指的自由主義究竟是此種還是彼類，我們就不做具體探究了。

我真正要說的是，即使當下歐洲最反動的人，在其意識的最深處也很清楚在過去的一個世紀裡歐洲以自由主義之名所做

---

[27] 家庭之於社會，放到規模更大的層面上來講，就相當於一個國家面對各國的聯盟。正如我們即將看到的，關於「妄自尊大」最明顯也最具破壞性的展現，就是一些國家在各國的聯盟中也毫不動搖「為所欲為」的決心。對此，用他們大言不慚的話語來講就是「民族主義」。我厭惡一切向國際主義錯誤的妥協，但另一方面，又對最不發達國家表現出的這種自負感到非常荒謬。

出的努力，都是不可避免也無法改變的，那就是如今的西方人命中注定的樣子 —— 無論情願與否。

即使已經被最充分、最不可辯駁的證據所證實，在試圖實現政治自由絕對規則的所有形式中，都存在著謊言和死亡，這種命令被刻在歐洲的命運之上；而最後的證據表明，在上個世紀，政治自由在實質上是正確的，這一最終的證據仍然有效。和法西斯主義者一樣，最後的證據也同樣適用於俄國人，無論他們採取何種態度來證明自己不同於法西斯主義者。所有人都「知道」，針對自由主義運動提出的所有批評都自有其公正之處，但自由主義仍具有其無可爭辯的真理性，那不是理論、科學、理智層面上的真理，而是一種完全不同且更具決定性的真理，也就是所謂的命運的真理。

理論上的真理不僅真假可辯，並且它們全部的意義和力量就在於爭辯之中，它們自辯論中誕生。只有被人討論，理論上的真理才具有生命，並且它們的生命力只為這些討論所維繫。但是命運的真理 —— 從一個人不得不成為什麼或不得不拒絕成為什麼的關鍵角度來看 —— 是不可被討論的，它不是被接受，就是被拒絕。

如果我們接受命運，那我們就是真實的；如果拒絕，則是對自我的否定和歪曲 [28]。命運並不存在於我們感覺自己喜歡做

---

[28] 自瀆、墮落，不過是那些拒絕承擔應有責任之人唯一可選的生活方式。這就是他們的真實存在，並未消亡，而是變成了一個可指責的影子，一個總是讓他們感到

的事情之中，只有我們意識到必須去做那些並不想做的事情時，命運才呈現出其清晰的輪廓。

　　好吧，實際上「妄自尊大之人」的特徵就是「知道」某些事情是不可能的，但儘管如此，出於種種原因，他們還是在行為以及言詞上假裝相信著相反的情況。法西斯主義者之所以會站在反對自由政治的立場上，恰恰是因為他們知道長遠看來自由政治是不會失敗的，那是歐洲生活中實質的、無從避免的組成部分，並且一旦出現嚴重的危急時刻，當真正需要它存在的時候，它必將捲土重來。因為維持大眾人形象的補藥是虛偽，是「玩鬧」，所以他們的一切行動都缺乏必然性，都彷彿紈褲子弟的嬉笑打鬧。無論在生活中的哪一個領域，他們匆忙採取的那種悲劇性的、決定性的最終態度都只是表象而已。人們之所以會排演悲劇，正是因為他們並不相信劇中的悲劇情節會成為現實，但實際上，悲劇正著實在文明世界的舞臺中央上演！

　　無論一個人讓我們接受的是什麼，只要那是一個人的真實自我，都將是一件好事。如果有人堅持守住二加二等於五的信仰，並且完全沒有判斷他精神失常的理由，那麼我們可能會很確定實際上連他自己也不相信，無論他以多大的聲音宣布出來，哪怕甚至願意為此付出生命的代價。

　　目前，一場妄想的颶風正在歐洲各地以不同形式肆虐，幾

此刻的活法比應有的生活更加低劣的幻影。低劣的人群在他們自己製造的死局中奄奄一息。

乎所有已經採取過的立場都是錯誤的。對此做出的唯一努力不過是為了逃避我們的真實命運，讓我們對眼前的證據視而不見，對其深切的呼喚充耳不聞，從而免於面對那些不得不面對之事。我們採取了一種滑稽的生活方式，並且生活越是滑稽，我們所佩戴的面具就越是充滿悲劇色彩。這種滑稽存在於任何生活缺少必然性根基的地方，此根基所供給的是一個穩固的立場。大眾人不會立足於其命運穩固而扎實的基礎之上，他們更偏愛懸浮於空氣中的虛幻存在。因此，從未有過任何時期的歐洲人像如今的我們這般，只擁有失去實質、毫無根基的生活——從自己的命運中脫離出去，漂浮於最輕薄的生命之流。這便是一個任生命「隨波逐流」、由事物「自生自滅」的新紀元。幾乎沒有人能抵擋住從藝術、思想、政治或者社會慣例中騰空而起的那股超級旋風。結果就是，花言巧語比以往任何時代都更發展壯大。超現實主義者認為，倘若他們在其他人尚還描述「茉莉、天鵝和動物」的時候開始動筆書寫，便足以顛覆整個文學史。但是，他們實際上所做的只是揭露出隱匿於茅廁之中的另一種花言巧語罷了。

　　儘管還是有其自身的特點，但是當下的情況已經清楚地顯示出，它與過去諸多時代的相似性。因此，當犬儒主義者誕生的時候——約西元前 3 世紀，那時的地中海文明已經徹底失去重返巔峰狀態的希望。第歐根尼（Diogenes）穿著他沾滿汙泥

的涼鞋踏過阿瑞斯提普斯（Aristippus）的地毯，犬儒學派在每個角落、在各個階層生根發芽，他們除了破壞時代的文明之外便無所事事。他們沒有創造，他們沒有生產，他們的角色不過就是破壞──又或者說試圖搞破壞，因為畢竟他們未能達到目的。犬儒主義者作為一種文明的寄生蟲，正是靠著否認文明而生存，但同時他們又非常確信，文明絕對不會出錯。如果在一群野蠻人中，每個人都自然而然並且相當認真地執行著犬儒主義者滑稽地賦予他的角色時，一切將會變成什麼樣子？如果法西斯主義者不再誹謗自由，或者超現實主義者不再褻瀆藝術的話，那他們又都能算什麼呢？

　　誕生在這樣一個組織得過於完好的世界裡，這種人不可能有其他的作為，因為他們僅僅能察覺到這個世界的好處，而對危險毫無概念。環境已經將他們寵壞了，因為那環境是「文明」，也就是說，是一個殷實的家族，而家中的子孫感到沒有什麼能攔得住他耍小性子，也沒有什麼能迫使他聆聽外界那些比他卓越之人的忠告，更沒有什麼能強迫他面對自己無可改變的命運。

第十二章 「專業化」的野蠻主義

　　我的論點是，19 世紀的文明自然造就了大眾人。在得出一般結論之前，我們最好再對特定情況下大眾人產生的機制進行一番分析。唯有如此，透過具體的形式，才能令該論點擁有足夠的說服力。

　　我已經說過，19 世紀的文明可以概括為兩大維度：自由民主和技術主義。讓我們暫且只考慮後者。現代技術主義誕生於資本主義和實驗科學的結合，但並不是所有的技術主義都是科學的。在舊石器時代製造石斧的過程本身缺乏科學意味，但卻成為一種技術；中國人達到了很高的技術水平，但卻對物理學的存在從未萌生過任何想法。只有現代歐洲發展出來的技術是以科學為基礎的，並由此衍生出其獨特的性質以及無限發展的潛能。所有其他的技術 —— 美索不達米亞、埃及、希臘、羅馬以及東方人的技術，雖然都曾達到過一個難以超越的高度，但是當同樣的頂點再難以企及的時候，他們便無可避免地開始表現出可悲的倒退。

　　不可思議的西方技術令歐洲人口的迅速擴增成為可能。回想一下這篇文章的出發點，正如我所說，它蘊含了對當下所有的考慮，即從西元 6 世紀到 19 世紀，歐洲人口從未超過 1.8 億；而從 19 世紀初到 1914 年，卻飆升至 4.6 億。這一人口飛躍在我

們的歷史上可謂前所未有。毋庸置疑，正是結合了自由民主的技術主義在數量層面上催生了大眾人。但是這篇文章也在試圖證明，它同樣要為大眾人在品質層面上的存在負責，也就是說為大眾人這一術語所具有的貶損意味負責。

就像我已經指出的那樣，大眾並不能被狹隘地理解為工人；它並非指的某一具體的社會階層，而是如今在所有社會階層都能覓得蹤影的一大類人：他們作為我們這個時代的代表，掌握了主要的、統治的力量。我們現在就要為此找出足夠充分的證據。

如今掌控著社會權力的是什麼人？將其自身的意識形態強加於這一時代的又是什麼人？毫無疑問，是資產階級。在資產階級的範圍內，又是哪一群人被視為更優越的、我們這一時代的貴族？毋庸置疑，是技術人員：工程師、醫生、金融家、教師等。而在所有的技術人員中，又是哪一類能最好、最純粹地代表他們自身？再一次的毋庸置疑，是科學家。如果現在有外星人出於評估的目的想要造訪歐洲，詢問哪一類人最適合作為評估對象，那麼歐洲人為了有利於評估結果，一定會推薦科學家。如此一來，外星人自然不再去查訪其他個體，而是會去專門探究作為一般類型的「科學人」，並將其視為歐洲人性的至高點。

已經證實，如今的科學人正是大眾人的原型。大眾人的產

生並非出於偶然，也不是透過某一特定科學人的個人失敗，而是源於科學本身，即我們文明的根基，正是它令人們自動地轉化成大眾人，變成了野蠻人、現代的原始人。這個事實已經講得很透澈了，它一而再地證明著自己；但只有在以這篇文章的主體構成作為背景進行定位後，它才顯示出完整的意義和明顯的嚴肅性。

實驗科學誕生於 16 世紀末期 —— 伽利略（Galileo）時代，在 17 世紀結束時正式建立 —— 牛頓時代，並且在 18 世紀中期開始發展起來。任何事物的發展都不同於其初始狀態，因為在過程中受到了不同條件的限制。因此，作為實驗科學的集合，物理學的建立為統一化做出了必要的努力，這也正是牛頓和其同時期的科學家們所展開的工作。但是，物理學的發展同時也提出了一項在性質上與統一化完全對立的任務：為了實現發展，科學必須專業化 —— 並非指科學本身，而是指科學人的專業化。科學就其本質而言並不能專業化，否則的話，它也就不再具有真實性了。如果從數學、邏輯學以及哲學中分離出來，那麼從整體角度上來講，實驗科學也將不復存在。但是科學工作的的確確必須要求專業化。

總結物理學和生物學的歷史，揭示科學在研究工作中越來越專業化的過程，可能會非常有趣，並且比乍看上去更具實用性。我們將會看到，研究者是如何一代代地逐漸被限制到了一

個狹小的腦力勞動領域。不過,這並不是歷史要揭示出的最重要觀點,事情的相反方面或許才算得是真正的關鍵:每一代的科學家是如何在不得不縮減工作範疇的過程中,逐漸喪失掉與其他科學分支的接觸,而對宇宙的完整解釋才是唯一配得上科學、文化以及歐洲文明等頭銜的。

專業化出現的確切時期,是自文明人被冠以「博聞強識」的名號那一刻起。19 世紀正是在過著「百科全書式」生活之人的領導下開始其歷史進程的,雖然那時他們的工作已經帶有些許專業化的意味。在接下來的一代人中,平衡被徹底顛覆了,專業化在科學家個人中開始了對整體文化進程的驅逐。到了 1890 年,第三代知識分子開始掌權歐洲的時候,我們遇到了一種在歷史上前所未有的科學家類型:除了成為具有判斷力之人所需要知曉一切之外,他只懂得一種科學,而即使在這僅有的一種之中,他也只對自己作為研究員活躍於其中的小小角落有所認知。對於自己耕作的這塊狹小領域之外的世界,他一無所知,他甚至將這種無知作為美德拿去宣揚,並且給對知識的整體框架表現出的好奇心貼上了「淺薄涉獵」的標籤。

事實上,雖然僅僅局限於目之所及的有限領域,但他確實成功地發現了新事實,並在幾乎一無所知的情況下推動了科學的進步,豐富了人類思想的百科全書。這種情況怎麼可能發生?此類事物又將何以為繼?對此,堅持這一出人意表但又不

可否認的事實是非常必要的：實驗科學之所以能取得長足進展，在極大程度上取決於那些資質極其平庸，甚至處於平庸水準之下的人們所完成的工作。也就是說，作為我們當代文明的根基與標誌的現代科學，為資質平庸的人提供了立足之地，並讓他們於其中取得工作上的成就。其原因即在於所謂的機械化，可以說，機械化同時構成了它所主導和代表的科學與文明的最大優勢和最嚴重危險。在物理學和生物學領域，有相當一部分工作需要機械化的重複勞動，任何人，或者說幾乎任何人都可以完成。出於不計其數的研究目的，科學可能需要被劃分成更小的單元，每一單元都只專注於自己的領域即可，而對整體的其他部分不必加以考慮。這種方法的穩定性和精確性令暫時卻非常實際的知識脫節成為可能。以這種方式完成工作與操用機器做工無異，甚至無需對所進行之操作的意義和基礎有嚴謹的認識，便可以獲得更豐碩的成果。科學家中的大多數就是靠著這種工作方式幫助科學實現了普遍的進步，但他們自己卻封閉在實驗室狹小的牢籠裡，就像蜂巢中的蜜蜂或旋轉式烤肉叉上的輪子。

於是，以上種種創造出了一類無比奇怪的人。作為發現了自然界中新鮮事物的研究員，他們必然擁有一種對力量感和自信心的體驗，從而帶著一種相當確信的理所當然之感，將自己視為一個「無所不知的人」。然而事實上，正是他們所具有的

一部分東西,再加上許多他們所缺乏,而為別人所有的其他部分,才構成了真正的知識。這就是這些專家們的真實內在,他們已經在本世紀的最初幾年裡達到了一個極度誇張的狂妄階段。這種專家對自己所占據的宇宙小角落「知道」得非常透澈;而對其他部分,他們的無知又幾乎令人髮指。

對於這種我嘗試著從相對立的兩方面去定義的新人類,此處有一個非常恰當的例子。我曾說過大眾人是歷史上前所未有的新鮮產物,而上述專家正可以作為該類群中極為典型的具體範例,讓我們由此對這種新鮮人類的本性擁有清楚的認識。在過去,人群可以大致分為有學識的和無知的兩類,人們都可以根據其文化程度被劃分到這一群或者那一類。但是,我們的專家卻無法歸類到任何一種的目錄之下:他們不屬於有學識的,因為除了所專攻的那一塊之外,基本上可以說對一切一無所知;但也不能就此判定他們是無知的,因為他們是所謂的「科學家」,並且對他們在宇宙中擁有的那狹小一片「知曉」得非常透澈。我們或許只能將這類人稱為「有知識的無知者」,這是種非常嚴肅的情況,因為這意味著他們在某些領域實屬無知之人,但其行為又不遵從無知者的方式,而是表現出在其專門領域中頗有建樹的姿態。

事實上,這就是專家們的行為方式:無論在政治、藝術、社會慣例還是其他科學領域,他們都會採取原始人、無知者的

態度；他們志得意滿地自行其是，姿態裡充滿自負之情，並且拒絕承認專家會處於那種狀態之中 —— 這正是悖論之所在。透過對他們的專門訓練，文明令他們在其所有限制之內故步自封，同時還對此感到極為滿足；但是這種掌控和價值帶來的內在感受又驅使他們想要踰越自己的領域掌管一切。這種情況導致的最終結果就是，即使已經在專業化層面上展現出與大眾人截然不同的、資格上的極致，但是在幾乎所有其他的生活範圍內，他們都表現得與不具資質的大眾人別無二致。

　　這可不僅僅是危言聳聽的斷言。任何人如果留心觀察，都能在如今的政治、藝術、宗教以及社會和生活中的普遍問題上，看出如今「科學人」從想法、判斷、行動中透露出來的愚蠢，當然了，緊跟科學人腳步的還有醫生、工程師、金融家、教師等。我一直反覆提出來的將其作為大眾人特點的那種狀態 ——「拒絕從諫如流」、拒絕向更高明的權威屈服 —— 被這些尤其有資質的人演繹到了一個相當的高度。他們象徵著，在相當程度上也構成了大眾的實際統治者，而他們的野蠻主義正是當下歐洲人腐壞墮落的最直接誘因。更重要的是，他們提供了最清楚、最驚人的例證，說明上個世紀的文明是如何拋棄自己的機制，引起了這場原始主義和野蠻主義的復興。

　　這種失衡的專業化在當下所引發的最直接後果，就是與以往相比 —— 比如與 1750 年相比，我們擁有了越來越多的「科學

家」，但「文化人」卻更少了。最糟糕的就是，在這種科學的「旋轉烤肉叉」的勞作下，甚至連科學本身的真正進步都難以保證。科學需要對其自身的發展不時做出必要調整，有時甚至需要一種勞動力的重構，就像我已經說過的，這一要求勢必會導致朝著統一化的努力，於是情況會變得越來越困難，因為其中涉及到無比廣袤的知識世界。

牛頓在不懂太多哲學的情況下就可以建立起他的物理學系統，但是愛因斯坦在實現其敏銳的體系之前，需要先以康德（Immanuel Kant）和馬赫（Ernst Mach）的哲學武裝自己：康德和馬赫僅僅是無數對愛因斯坦造成重要影響的哲學和心理學思想的代表而已，這些思想帶給了愛因斯坦精神上的自由，為他開闢了一條實現創新的道路。但是，愛因斯坦並不能令人就此滿足，物理學正經歷著歷史上最為嚴重的危機，並且只會為比最初的百科全書派更為系統的新類型所拯救。

因此，在長達一個世紀的時間裡，專業化雖為實驗科學的發展創造了可能，但它正逐漸接近一個再也無力繼續發展的極限，除非有新的一代人能夠以一種更有力的方式提供動力。

但是，如果專家們無視其所耕作的科學領域的內在哲學，那麼他們肯定會更徹底地無視科學發展所要求的歷史條件，也就是說：如何組織社會以及人類的核心，使得研究者能夠得以存續。近幾年來，科學研究職位數量顯著下降，對此我相信任

何一個對什麼是文明有清楚認識的人都會意識到，這是一個令人不安的徵兆，而這種意識在我們當下文明的制高點 —— 典型的「科學家」身上是普遍缺乏的。那些有識之士們還相信文明自然存在的想法，顯然無異於認為文明與地殼和原始森林的存在方式相同。

第十二章　「專業化」的野蠻主義

第十三章 國家：最大的危險

　　任何一個公共事務秩序良好的環境中，大眾都不該作為獨立行動的部分，安守本分才是他們的使命。

　　他們誕生到世界上，正是為了被指導、被影響、被代表以及被組織的，甚至也是為了不再成為大眾 —— 或者至少他們自己渴望如此。但這一切都不是靠其自身就可以完成的，他們需要將生命託付給由優秀的少數菁英所構成的更高權威。對於究竟優秀的菁英為何許人也的問題可以隨意地展開討論，但無論他們的身分是什麼，如果沒有他們的話，人類就會難以保持其本質。儘管歐洲曾經花了一個世紀的時間，將頭埋在翅膀之下，以一種鴕鳥的姿態試圖逃避現實，但這一點是毋庸置疑的。因為我們正在處理的觀點，並非基於頻率和可能性是高還是低的事實基礎之上，而是基於一條「社會物理」定律，並且比牛頓物理學定律更加不可撼動。有一天，當真正的哲學[29]再次在歐洲造成影響的時候 —— 那是唯一能夠拯救歐洲的方式 —— 在那一天她將再次意識到，無論人類願意與否，都注定

---

[29]　對於以哲學進行統治，倒不必像柏拉圖（Plato）最初希望的那樣一定要由哲學家來做統治者，也不是像柏拉圖後來更為謹慎的願景所提出的，要求統治者成為哲學家。從嚴格意義上來講，這兩種意願都是難以實現的。以哲學來統治，本身便足以保證其存在，也就是說，足以令哲學家成為哲學家。在長達一個世紀的時間裡，哲學家可以勝任任何角色 —— 政客、教師、文人、科學家等，唯獨不包括哲學家。

被自己的天性迫使著去尋找一些更高階的權威。

　　因為大眾在要求著自己的行動權，之後又發展成為一種對自身命運的反叛，而這正是當下正在進行中的運動，所以我稱之為大眾的反叛。畢竟，能夠從實質上真正被稱為反叛的，必然包括對自身命運的抗拒以及對自我的反叛。大天使路西法（Lucifer）的反叛，不因為他想奮力成為上帝 —— 那並不是他的命運，還是想要成為最低等的天使 —— 同樣也不是他的命運 —— 而有所不同。（如果路西法是個俄國人，比如說托爾斯泰，那麼他很有可能會更傾向於採用後一種反叛形式，對上帝的反叛程度絲毫不亞於另一種更著名的選擇。）

　　當大眾獨自採取行動的時候，他們只會選擇自己的方式 —— 濫用私刑，因為除此之外也不知道還有什麼其他可選。私刑來自美國並非全然出於偶然，畢竟在某種程度上，美國是大眾的天堂。而在大眾取得了勝利的當下，暴力占據上風並順勢成為一種理由、一種信條的事實也就不怎麼令人驚訝了。我早就注意到，暴力具有足夠的優勢演化為一種正常狀態。如今，它已經得到了充分的發展，並且這是一個好跡象，因為它意味著勢必將要開始自發進行的衰落。

　　暴力就是這一時代的巧言令色，胸無點墨的雄辯者將其據為己有。當一種人類存在的現實完成其歷史進程後，就宛如遭遇海難且不幸殞命的遇難者，海浪將他衝捲到修辭學的岸頭，

在那裡，屍體得以長時間儲存。修辭學是人類現實的墓地，或至少是過去的一個居所。現實本身因其名稱而得以存留，雖然只剩下一個單字，但畢竟有這麼一個詞彙儲存著它的部分魔力。

雖然暴力作為一種憤世嫉俗的既定規則，其聲望可能已經開始走下坡路，但我們仍將在它的統治之下生活，即使它會改換為另外一種形式。

此處我指的是如今正威脅著歐洲文明的最嚴重的危險。和其他所有正威脅著文明的危險一樣，它產生自文明本身。不僅如此，暴力還構成了一項其自身的榮耀，即我們如今所知的國家。我們正面對著在上一章中討論過的科學悖論：科學原則的多產帶來了難以置信的發展，但同時也不可避免地將專業化強加於其上，而專業化正醞釀著扼殺科學的風險。

此番困境也同樣適用於國家，回想一下在 18 世紀末的所有歐洲國家是什麼樣子就清楚了。早期資本主義及其工業組織採取新的理性化技術取得了首次勝利，帶來了社會發展的開始。一個新的社會階級由此誕生，比之前存在的一切階級人數更眾、力量更強，即資產階級。精明的資產階級擁有一樣足以超越一切的利器：天賦 —— 實幹的天賦。

他們知道應該如何組織和訓練，知道該如何去賦予其努力以一致性和連續性。身處其中宛如海上沉浮，「國家號」開啟了它冒險的旅途。國家之船的暗喻是由資產階級重新創造的，因

為他們感到自己廣闊無垠、無所不能，甚至可以翻手為雲、覆手為雨。就像我們所說的，船隻本身的承載量微不足道：船上都沒有什麼水手、官僚或者財富需要操心。它是由一個與資產階級完全不同的階級在中世紀建造起來的，也就是由貴族們建造的，那是一個因其勇氣、領導天賦以及責任感而令人欽佩的階級。如果沒有他們，如今的歐洲國家根本不可能存在。但是與心靈的美德相比，貴族們始終缺少頭腦上的優勢。他們智力有限、多愁善感、為人處世跟著感覺走 —— 總而言之，就是非常「不理性」。因此，他們沒能發展出任何技術，畢竟那是件極需理性之事。他們也沒有發明出火藥，因而缺乏創造新武器的能力，使得從東方或者其他什麼地方弄到火藥的資產階級趁虛而入，取得了戰鬥的勝利。而貴族中的戰士們和所謂的紳士們，愚蠢地以鋼鐵武裝自己，但那樣只會令他們在戰鬥中笨拙地寸步難移。他們也沒有想到，戰爭永恆勝利的祕密不在於禦敵的方法，而在於進攻的手段，這一奧祕被拿破崙（Napoleon I）重新發現。[30]

---

[30] 一切都要歸功於德國歷史學家蘭克（Ranke）描繪的這幅歷史鉅變的簡單畫卷，透過它，我們看到貴族們至高無上的地位被資產階級的優勢所取代。不過當然了，這一富含象徵意味的幾何輪廓需要不少填充物才能完全立體真實。火藥源自於古代，把管子裡填充火藥來自於倫巴底某個人的創造。不過直到投擲砲彈出現以前，它的殺傷力都相當有限。「貴族」使用槍支的程度很低，因為那對他們而言過於昂貴了。只有有著更好的經濟組織結構的資產階級部隊，才負擔得起武器的大規模使用。毫無疑問，以中世紀的勃艮第部隊為代表的貴族們，完敗給了由瑞士人所構成的資產階級新型軍隊。他們所不敵的並非專業化，因為後者的根本力量在於新式的訓練方法和全新的理性化戰術。

由於國家是一個關於公共秩序和管理的技術性問題，舊制度在 18 世紀末伴隨著國運衰微而走到盡頭，因大面積的社會反抗而全方位地飽受煎熬。這一時期國家權力與社會權力之間嚴重失衡，使得與查理曼（Charlemagne）時期的情況相比，18 世紀的國家似乎衰落了。加洛林王朝統治下的國家顯然遠不及路易十六（Louis XVI）掌權的國家強盛，但是從另一方面來講，當時的社會環境卻也是完全疲軟的[31]。在社會力量和公共權力的力量之間巨大的失衡為革命提供了土壤，爆發了直到 1848 年才結束的法國大革命。

但是，資產階級透過革命掌握了公共權力，並將自身不可否認的特質應用於國家，在不到一代人的時間裡，便以創造出一個強大國家的方式為革命畫上了休止符。自 1848 年以來，也就是自第二代資產階級政府以來，在歐洲便再沒出現過真正意義上的革命。不僅因為確實也找不到革命的動機，同時也有缺乏革命手段的緣故。公共權力被推到了社會權力的高度。永別了，革命！如今在歐洲唯一存在的只有革命的對立物：政變。在接下來的幾年裡，任何看似革命的嘗試，不過都是披著偽裝的政變。

---

[31] 堅持並澄清歐洲君主專制與衰微的國運毫無衝突是非常有必要的。對此要如何解釋呢？如果國家是強大的，那麼為何專制的君主沒有令其本身變得更加強大呢？其中的原因之一就是已經說過的貴族血統的能力不足 —— 在技術上、管理上，以及官僚政治上的缺乏能力。但這還不是全部。除此之外，還存在專制國家及其貴族們普遍不願以社會為代價來換取財富擴張的問題。與普遍信念相悖，專制國家在本能上比我們這些民主政治的國家對社會更加尊重，民主政治的國家無疑更具有智慧，但卻缺少了歷史責任感。

在我們的時代，國家就像一臺以超凡的方式執行著的強大機器；由於手段的數量和精確度而擁有驚人的效率。當它在社會中搭建起來後，只要輕輕按下按鈕就能啟動巨大的槓桿開始工作，在社會框架結構內的任意部分施展其壓倒性的力量。

當代國家是文明最顯而易見，也最具聲勢的產物。而如果對大眾人於國家一事上所採取的態度稍加注意的話，就會發現一種出乎意料的情況：大眾人仰慕、欽佩國家，了解它就在那裡保護著自己的安全；但是他們卻絲毫沒有意識到，國家同樣是一件由特定人群發明創造出來的人工產物，需要由人類的美德與基本品德去支撐維持。所有美德與品德在過去的人類身上都能找到，如今卻全部消失殆盡。更嚴重的是，大眾人將國家視為一種無名的力量，因而相應的，他們感覺自己也同樣無名，由此便產生了國家正是他們自己的私有財產的信念。想像一下在一個國家的公共生活中，當一些困難、衝突或者麻煩浮現出來的時候，大眾人總是傾向於要求國家立即進行干涉，依託其巨大且毋庸置疑的資源提供即刻的解決方案。

這正是當下對文明最為嚴重的威脅：國家對所有自發的社會力量橫加干涉，也就是說，抹殺了歷史的自發性。從長遠來看，正是這種自發性支撐著、滋養著，並且推進著人類的命運。當大眾遭受厄運或者僅僅感到某種強烈的慾望時，那種可以恆久而穩定地得到一切的可能性便構成了極大的誘惑：不必

付出任何努力、掙扎，也不用去懷疑、冒險，僅僅按下按鈕啟動一臺強大的機器即可。大眾自言自語著「朕即國家」（L'État, c'est moi），而這從根本上就是個錯誤。只有以僅僅因為兩個男人都不叫約翰就可以認定他們是同一個人這種邏輯方式來判斷，國家才等同於大眾。當代國家和大眾之間唯一的巧合之處就在於兩者的無名性。但是，大眾人卻發自心底相信自己就是國家，他們會越來越傾向於以任何藉口發動國家機器，用以粉碎潛藏在下面試圖進行干擾的富於創造性的少數派，無論是從哪一方面產生的干擾——政治、觀念、工業，等等。

這種趨勢的結果將是非常致命的。自發的社會行為將會一而再地被國家干預所粉碎；再沒有新的種子可以生根發芽。社會將不得不為國家而存在，個人則必須為政府機器而存活。而且由於國家畢竟是一臺機器，其存在和維護必須依賴於週遭給予必要的支持，因此國家在將社會的精華吸取殆盡之後，必將僅遺留下一具毫無血色的骸骨。伴隨機器的生鏽停擺而降臨的死亡，要比生命有機體的死亡更加陰森可怕。

這同樣也是古老文明的悲慘命運。毋庸置疑，尤利烏斯·凱撒（Julius Caesar）建立的羅馬帝國是一臺令人欽佩的機器，僅作為一個組織來看的話，與過去由顯貴家族締造的共和國相比具有無與倫比的優越性。但同樣驚人的巧合是，就在其即將實現最充分的發展前夕，社會體制的衰敗如期而至。

第十三章　國家：最大的危險

那還是在安東尼（Antonines）的時代（西元 2 世紀），國家就以其反自然活力的霸權壓制住了社會。社會開始被奴役，如果不為國家造福就無法生存下去。整個國家都變為了官僚化的，結果怎麼樣呢？官僚化的生活引起了社會全方位的衰敗，財富銳減，出生率不斷下滑。因此，國家為了滿足自身的需求，在人類生活的官僚化上施加了更大的壓力。緊隨這種官僚化而至的就是社會的軍事化，整個國家最迫切的需求就是軍事裝備和屬於自己的軍隊。鑑於國家的首要職責是安全感的製造者（這種安全感，如果讀者還有印象的話，是大眾人與生俱來的），因此，軍隊是履行職責的首要條件。來自非洲的塞維魯斯（Septimius Severus）皇帝試圖使世界軍事化，但那全都是徒勞！不幸的事件越來越多，女人們一天天喪失生育能力，最後就連士兵也開始缺乏。當塞維魯斯皇帝的時代過去之後，軍隊不得不開始從國外進行招募。

這不正是國家至上充滿矛盾和悲劇性的發展過程照進了現實嗎？人們為了更好的社會生活而創造了國家，隨後國家占據了更高的位置，令社會不得不從屬於它。歸根究柢，國家是由那些構成社會的人所組成的。但是很快，這些人便不足以支持國家，令它不得不招募外援：最初是達爾馬提亞人，隨後是德國人。這些外來者掌控了國家，使得社會的其餘部分和從前的大眾如今都被迫為其所奴役 —— 他們淪為了與自己毫無共同之

處的外來者的奴隸。這就是國家干涉將會導致的結果：人民被轉化為燃料，用以供養國家這臺機器。骨架將包繞於其上的皮肉啃食殆盡，鷹架成為了房屋的所有者和承租人。

當這成為現實之後，再聽到墨索里尼（Benito Mussolini），作為一個驚人的新發現，在義大利宣布的話時就會感到相當震驚：「一切以國家為重；國家之外沒有任何存在；沒有什麼能反對國家。」僅僅這句話就足以坐實法西斯主義實際上就是一場典型的大眾運動。墨索里尼發現一個極好的國家已經建立起來，但並不是由他所建立，而恰恰是他要與之交戰的那些觀點和力量——自由民主——的成果。他所做的僅僅是對自由民主的粗暴使用，而現在即使沒有對他的工作進行詳細的檢驗，結果也是毋庸置疑的，即至今所取得的一切都無法與那些在政治和管理上施行自由主義的國家相比。如果他曾取得過任何成功，那也都如此微小、如此不可見、如此缺乏實質，以至於很難彌補使他得以充分利用國家這臺機器的異常能量的累積。

國家至上主義是暴力和直接行動被作為標準豎立起來後採取的更高階形式。藉助國家這一手段，藉助這臺無名機器，大眾開始為他們自己行動起來。擺在歐洲國家面前的，是國內生活的巨大困難：法律、經濟以及社會秩序等，都面臨極其艱鉅的考驗。我們是否能感覺到，在大眾的統治下，國家將竭力粉碎一切個人和團體的獨立性，而這無疑將摧毀我們未來的希望？

　　過去三十年裡最引人警覺的現象之一可以作為其中機制的具體例證：所有國家的警力都在急遽擴增。毋庸置疑，人口的增長必然伴隨對警力需求的擴大，但無論我們對此的習慣程度有多高，這一可怕的悖論都不應該逸出我們的腦際：在一個人口眾多的現代城市中，為了能夠平安地走動，自如地做事，必須要有足夠的警力對周遭環境進行管理。但「法律與秩序」派人士相信，為維護秩序而產生的「公共權威力量」總是能夠滿足於維護人民所希望的秩序，這無疑是愚蠢的。因為無可避免地，他們最終會自己定義並決定維護何種秩序，並且，那些秩序理所當然地都將最符合他們的利益。

　　也許我們可以從對這件事的分析向外發散思維，觀察一下不同類型的社會對公眾需求的不同反應。大約在 19 世紀初期，新興工業開始創造出一類新人 —— 產業工人，他們比傳統類型更具有犯罪傾向，因此法國開始加速部署大量警力。到了 1810 年的英格蘭，出於同樣的原因出現了犯罪率的上升，於是英國人驚覺自己缺少足夠的警察。當時掌權的是保守主義，而他們對此會做些什麼呢？他們會組織起足夠的警力嗎？完全沒有，他們沒採取任何相關的行動。他們寧可選擇忍受犯罪，盡其所能地去忍受。「人們滿足於對混亂視而不見，他們將忍受混亂視為不得不為自由付出的代價。」「在巴黎，」英國史學家約翰·威廉·沃德（John William Ward）寫道，「他們擁有值得稱道的警

力，但卻為這一優勢付出了高昂的代價。我更傾向於看到，每隔三到四年，就有半打左右的人在拉特克里夫路慘遭割喉，也不願被迫接受家庭搜查、監視手段以及所有的陰謀。」此處，關於國家我們看到了兩種截然相反的觀點，英國人相信對國家權力應該有所限制。

第十三章　國家：最大的危險

第十四章　誰統治著世界？

　　我已經重複過不止一次，歐洲文明自發引起了大眾的反叛。從一方面來看，這一事實呈現出了其最有力的一面，就像我們已經注意到的：大眾的反叛和我們的時代裡人們生活水準的驚人提升，本質上講是一回事。但是，同一現象的反面卻是可怕的，恰恰是人性極端的道德頹廢。對此，讓我們現在換一個新的角度加以審視。

1

　　新歷史時期的本質或特徵可能是其內部變化的結果，比如人類及其精神共同構成的變化；也可能是由外部變化決定的，因此也就比較流於形式、比較呆板。在外部變化的情況中，最重要的、幾乎無可置疑的就是權力的迭代。但這同時也伴隨著精神層面的變化。

　　結果就是，當我們帶著一種試圖去理解的視角開始審視某一時代的時候，首先應該提出的問題就是：此時此刻，是誰在統治著世界？很有可能在某個時候，人類還分散在不同的集體中，彼此之間沒有任何連繫，他們形成的是一個內部互相獨立的世界。比如在米太亞德（Miltiades）時期，米太亞德人對於遙

遠東方世界的存在一無所知。在這種情況下，就需要針對每一個集體分別審視「誰統治著這個世界？」的問題。

但是從 16 世紀以來，人類開始步入一場聲勢浩大的統一程序，在我們的時代中，這個程序達到了它的最大極限。如今，已經沒有哪一部分人類離群而居，不再有人是一座孤島。這樣統一之後的結果就是，從那時起若談到誰在統治著世界，那麼實際上就是在說誰正對整個世界施加著權威性影響的問題，就像在過去的三個世紀裡，由歐洲人所構成的同類集體所扮演的角色。歐洲就是統治者，並且在其統一的指揮下，世界以一種統一的方式存在著，或者至少可以說世界擁有逐漸統一中的存在方式。

這種生活方式普遍存在於摩登時代，而所謂「摩登時代」是一個毫無色彩、缺乏意義的概念，隱藏在其背後的事實即歐洲霸權的新紀元。

對於所謂「統治」，我們這裡所指的不是運用物質力量或自然的脅迫。我們要做的是避免那些愚蠢的觀點，尤其是要避免更粗劣和更淺薄的那些。這種被稱為「統治」的、存在於人與人之間的穩定正常的關係，其關鍵並不在於武力；正相反，所謂一個人或者一群人執掌了指揮權，指的是他們手中握有被視為「權力」的社會工具或機器。對於此類情況，乍看上去似乎是在說武力是指揮權的基礎，但進一步的觀察將會揭示出它們才是

證明我們論點的最佳範例。

　　拿破崙率領侵略性的軍隊進攻西班牙，並將他的入侵維持了一段時間，但恰當地講，他從來沒有真正統治過西班牙，哪怕僅僅一天的統治也沒有實現。縱然他擁有武力也無濟於事，又或者造成這一結果的恰恰是因為擁有武力。一段侵略過程和對一個國家的統治狀態，是需要區分清楚的兩個不同的概念。統治是對權威的合理使用，並且通常以公共輿論作為基礎，無論是在今天還是一千年之前，也無論是在英國人還是布希曼人之間，都是如此。在這個地球上，還從來沒有哪個人的統治在本質上不是以公共輿論為基礎的。

　　基本可以認為，公共輿論的主權是律師丹東（Georges Danton）於 1789 年提出來的，又或者是 18 世紀時多瑪斯‧阿奎那（St. Thomas Aquinas）的成果。雖然公共主權的發現可能是在這裡或者那裡，在此一時或者彼一時，但是公共輿論作為基礎力量催生了對人類社會加以統治的現象這一事實，卻幾乎與人類歷史一樣古老而悠久。

　　在牛頓物理學中，重力是產生運動的根本動力。而公共輿論之於政治歷史，就相當於物理學中重力的普遍定律，如果沒有它，科學的歷史將無從談起。因此，英國哲學家休謨（David Hume）敏銳地洞察到，歷史的主題在於展示公共輿論的主權實際上在人類社會的歷史中無處不在，而不是表述一種烏托邦式

的幻想。即使是想要透過僱傭兵的武力掌控統治權的獨裁者，也要取決於士兵們以及當地其他居民對此持有的看法。

事情的真相是，根本不存在僅靠僱傭兵就能保證的統治。法國政治家塔里蘭（Talleyrand）曾經對拿破崙說：「陛下，你可以用刺刀做任何事，除了身居高位。」統治並非劫掠權力的姿態，而是安靜地對其加以運用。簡單來說，統治就是在王位上、在顯貴席位上、在首席位置上或者主教的座位上安坐下來。與情節劇中的淺薄想法正好相反，統治與其說是一門鎮壓的手藝，不如說是一個關於如何扎實坐穩的問題。總而言之，國家實際上是一種輿論的狀態，是一個各種輿論達到平衡的姿態。

但在有些時候，公共輿論是不存在的。社會被劃分為各種不和諧的團體，彼此之間的輿論力量相互較勁，根本沒有統治力量形成的餘地。並且就像「自然厭惡真空」一樣，由公共輿論的缺席而留下的空白地帶會被野蠻的力量所填滿，而最嚴重的是，後者確實將自己視為前者的替代。

如此一來必然導致的結果就是，如果我們想要像歷史中的重力原則那樣表述公共輿論的法則的話，就必須將其缺席的情況考慮進來，於是我們得出了一個公式，一個廣為人知的、莊嚴的、直截了當的普遍公式：倘若反對公共輿論，統治便無從談起。

這使我們意識到，統治即意味著某種意見的主宰，進而也就代表了某種精神的主宰；當所有一切都已說盡和做到之後，統治無非就是一種精神權力。歷史事實已經對此做出了精確的證明。所有原始的統治都帶有某種「神聖的」性質，因為它的基礎即為宗教，而宗教又是精神、思想和觀點等最初誕生的形式；也就是說，它是非物質的以及超越物理的。在中世紀，同樣的現象大範圍重現。

在歐洲形成的第一個「國家」或者說公共權威就是教會，它在「精神權力」方面具有特殊而定義明確的特性。透過教會，政治權力也開始意識到，自己的起源亦是一種精神性的權威、一種特定觀點的普遍流行，並以此為基礎建立起羅馬帝國。也正因如此，才引發了教會和國家兩種力量間的競爭，不過兩者在實質上並不存在差異（因為它們都是精神力量）。最終，國家和教會達成了各自限制於特定時間範疇的一致意見，即分別關於今生和來世。世俗的和宗教的力量具有同樣的精神性，只不過前者指的是時代的精神、公共輿論的精神，是世俗的並且起伏不定的；而後者則代表著永恆的精神、上帝的意旨，以及上帝對人類及其命運的看法。因此，兩者反映的是同樣的道理：在某一特定時期，由某個人、某個種族，或者某種由各個種族所構成的同質性團體掌握著統治權，也就是說，在該時期，是某種觀念系統 —— 想法、偏好、願望和目標等 —— 主宰著世界。

　　該如何理解這樣的統治權呢？大多數人是沒有自己的觀點的，需要從外界將一切灌輸到他們的腦袋裡，就像給機器零件加潤滑油一樣。因此，權威極有必要由某種精神力量所掌握並施行，以便沒有想法的人 —— 亦即人群中的大多數 —— 能夠開始擁有觀點。如果不是這樣，那麼人類世界的日常生活將會亂作一團，甚至陷入一派歷史的虛空之中，充滿生命的組織結構全面缺失。因此，如果沒有精神力量，缺乏掌權之人，並且按照這個缺少的比例來看，混亂將會統治整個人類。而與此相似的，任何權力的取代、權威的改變，都意味著觀點的變化，因而無疑都會帶來歷史重心的移位。

　　讓我們重新回到研究開始的地方。在長達幾個世紀的時間裡，歐洲都統治著世界，人們因相似的精神而聚集在一起。直到中世紀，在世俗的事物上都不存在公共輿論的統治。這種缺失發生在中世紀的整個歷史過程中，這也是為什麼中世紀的種種會呈現出相對的混亂、相對的野蠻主義，並且在公共輿論上出現赤字的原因。中世紀就是人們可以肆意愛、恨、希冀、憎惡的年代，所有一切都不受限制；但在另一方面，它又飽受缺乏公共輿論之苦。這樣的新紀元並非沒有其自身的魅力，但是在更好的時代裡，人們賴以發展壯大的是觀點，也就是說，受秩序的統治。

　　倘若我們深入中世紀，同樣能夠找到一個時期就像現代一

樣，有人在掌握著指揮權，雖然只對世界上相當有限的部分生效：羅馬，就是當時偉大的領導者。正是它給地中海建立起秩序，並劃出邊界。

在戰後時期，人們開始傳言說歐洲不再統治世界。這一診斷的全部意義是否都實現了？它斷定了一種權力的轉移。但會向什麼方向進行？誰將取代歐洲繼續統治世界？不過，真的有人能取代它嗎？如果沒有的話，那麼將會發生些什麼？

2

當然了，在這個世界上無時無刻不在發生著無窮多的事情。因此，任何試圖斷言當今世界上正發生著什麼的嘗試，都必然只會使得我們意識到自己的可笑之處。我們無法直接地完全了解現實，但正是出於這個原因，我們只能專斷地建構一個現實，假設事情是以某種方式發生的。這就為我們提供了一個大綱，一種概念或者概念的框架。由此，彷彿透過一種「視界」，我們開始看向真正的現實，也唯有由此我們能夠得到一個近似的印象。科學的方法正蘊含於其中，不僅如此，甚至可以說這其中蘊含著對所有智慧的運用。當我們看到朋友從花園小徑上走來時，我們會說：「這是彼得。」具有諷刺意味的是，我們在一番深思熟慮之餘還是犯了一個錯。因為彼得之於我們，代表著一系列行為方式的複合體，無論是物理方面還是道德層面，

也就是我們稱之為「性格」的東西。但一個再簡單不過的事實是，有些時候，我們的朋友彼得本人和概念上的「我們的朋友彼得」之間沒有半點相似之處。

　　每一個概念，無論是最簡單的還是最具技術含量的，都在其自身的諷刺框架內，就像幾何切割的鑽石被鑲嵌在黃金底座上。概念極為嚴肅地告訴我們：「這件事是 A，那件事是 B。」但這裡的嚴肅性是那種拿你開了個玩笑後硬裝出來的嚴肅性，是那種強嚥下笑意後不穩定的嚴肅性，如果不小心地緊閉雙唇，隨時有可能爆發出笑聲來。我們都很清楚，事情並非這個是 A、那個是 B 那麼簡單，概念真正蘊含的與其表面告訴我們的之間存在著微小的差異，而諷刺正出現於其中。它真正想要表達的是：我很清楚，從嚴格意義上來講這個並不是 A，那個也並非 B；但是透過將它們說成是 A 和 B，我可以從實用角度出發對這兩件事有所理解，並採取一種具有實踐性的態度。

　　這種理性知識的理論會惹惱希臘人。因為希臘人相信，正是他們發現了理性、概念和現實本身。而我們卻與之恰好相反，相信概念就像人類日常用慣的工具，我們需要概念並對其加以使用，藉此闡明自己在無限且問題重重的現實世界中所處的位置。生活就是一場為維持自身而與世上紛雜事物展開的鬥爭，概念則是我們在面對攻擊時制定的策略計畫。因此，一旦我們洞察到概念的本質，就會發現它並不會告訴我們關於事物

本身的資訊，而只是總結出它能夠被用來做些什麼，或者它能做些什麼。根據這種觀點，概念的內容總是非常關鍵，它具有兩種可能性：積極主動，或者消極被動。雖然據我所知，到目前為止這一觀點還沒有被任何人闡述過，但在我看來，它是操用康德的哲學方法所必然得出的結果。

因此，如果憑藉這一結果的光亮對康德時代以來的全部哲學進行檢驗的話，我們或許就會意識到，幾乎所有的哲學家都說過類似的話。那麼若真是這樣的話，哲學發現無非就是重新揭露的過程，將深埋的東西重新挖掘出來。

不過，這對於我將要說的內容似乎有過度說明之嫌，我所要談論的東西對於哲學問題而言相距甚遠。實際上我想說的只是在世界的歷史上，實際發生著的無非只是如下情況：在長達三個世紀的時間裡歐洲都是世界的統治者，而現在歐洲不再確定自己是否依然處於統治地位，以及是否仍將繼續作為統治者。為了將問題縮減成這樣一個簡單的公式，對當前時代的歷史事實毫無疑問要進行一番誇大，因此無論讀者是否願意，我們都要記住：思想就是誇大。如果你傾向於不去誇大，那麼你必須保持沉默；又或者，你必須消解掉你的智慧，想方設法讓自己變成白痴。

我相信，這就是我們這個世界當下正在發生著的情況，而其他的一切不過都只是其結果、條件、徵兆，或者先導事件而

已。我從沒說過歐洲已經喪失了統治權，但是在這些時代裡，歐洲對於自己是否保持著統治，以及未來是否仍將居於統治地位嚴重起疑。與此相應地，世界上的其他民族也出現了一種相關的精神狀態，即懷疑自己此刻是否仍為任何人所統治，並且他們對此同樣難以定奪。

近幾年來，有很多關於歐洲衰落的討論。我希望人們不要頭腦簡單地一提到歐洲或者西方的衰落，就想到史賓格勒。實際上，在他的書問世之前，每個人就已經開始討論西方沒落的問題，而眾所周知的是，他的書之所以取得成功，就在於此番懷疑已經深深扎根於人們的頭腦之中，儘管是以最混雜的方式並出於最多樣化的原因。

由於存在太多關於歐洲衰落的討論，因此不少人已經將其視為確鑿的事實。他們並非真的相信情況已經得到證實並且非常嚴重，但他們深信自己是正確的，儘管無法誠實地回憶起具體是在哪一時間點開始對此觀點產生了信念。沃爾多‧弗蘭克（Waldo Frank）最近出版的新書《重新發現美國》（*The Rediscovery of America*）完全建立在歐洲已經危在旦夕的假設之上。但是，對這一構成其理論之基礎的重要事實，弗蘭克既沒有分析，也未做討論，並且對該事實沒有提出任何質疑。在絲毫沒做進一步調查的前提下，他就直接從該論斷出發，彷彿那就是無可爭議的事實。正是這種輕率的態度讓我相信，於弗蘭克本

人而言，並不真的確信歐洲的衰落；遠遠沒有，他從沒給自己找這個麻煩，他對待這個問題的態度和去搭乘電車沒什麼區別，而陳腔濫調就是智力交通的電車軌道。

不僅他如此，其他很多人也都同樣這般行事。最終，社會、所有的國家也都開始這麼做。當前世界的行為方式帶有非常典型的幼稚色彩。在學校裡，當有人說老師已經離開了的時候，一群年輕人就徹底解放了，他們開始放飛自我，變得狂野起來。他們每個人都享受到了那種從老師的存在所帶來的壓力下掙脫出來、徹底擺脫束縛、感到自己主宰了命運的快樂。但是，一旦指導著他們的日常行為及任務的計畫終止了，這群年輕的烏合之眾本身並沒有什麼正式的日常活動和有意義的目標，一切都變得缺少連續性和目的性，因此他們接下來唯一能做的只有一件事：倒立。

如今由各個小國呈現出的無聊場景簡直糟糕透頂。因為傳說歐洲已經衰落，並且讓出了自己的統治權，一眾新興小國便開始歡呼雀躍、擺姿態、做倒立，或者大搖大擺地表現出一副大人物的架勢，彰顯自己作為命運之主人的身分，「民族主義」的浪潮幾乎隨處可見。

在前面的幾章裡，我試圖在分類中加入一種如今在世界上占主導地位的新型人類，我稱他們為大眾人，並且發現他們的特點正在於感覺到自己的「平庸」，進而要求享有平庸的權

利，並且拒絕接受任何優越於自己的權威。如果這種心態在每個人心中都占據支配地位的話，那麼當我們把國家視為一個整體的時候，同樣的心態很自然地也會從國家層面上顯現出來。於是，便出現了所謂的大眾民族，他們決心反抗卓有創造力的民族，而那正是構成了歷史的少數派。看著這個或者其他弱小的共和體，在它們那偏僻的角落裡踮著腳尖開始責難歐洲，聲稱歐洲在世界歷史上已經喪失了自己的地位，實在是非常滑稽可笑。

那麼結果會怎樣呢？歐洲創造了一個標準的系統，其功效以及成就已經為幾個世紀的時間所驗證。那些標準並不是最好的，遠遠不是。但毋庸置疑，只要還沒有其他標準存在或成形，它們就足以作為唯一明確的標準。在將它們徹底排擠掉之前，首先要制定出新的標準。現在，大眾民族已經認定歐洲文明所蘊含的標準系統徹底破產了，但由於他們並不具備制定新標準的能力，於是便開始變得不知所措，只能以放飛自我和做倒立來消磨時間。

這就是當世界不再有人統治後，會出現的第一個後果；而這些開始反叛的大眾民族，並沒有一個確定可執行的任務，也缺乏任何生活規劃。

3

有一個故事是這樣講的：一個吉普賽人進行了懺悔，但是謹慎的神父問他是否了解上帝律法的誠命。對此，吉普賽人回答說：「是的，神父。我本來是要學的，但我聽說他們要將其廢除掉。」

這和當前世界的情形是不是如出一轍？有傳言說，歐洲律法的誠命已經不再有效，鑑於此，人們趁此機會過上了不受限制的生活。因為歐洲律法是當前存在的唯一律法，所以這並不像過去發生過的那樣，是新的標準發展起來取代了舊有標準的問題，也不是一種新的狂熱以其年輕活力不斷吸收持續降溫的老舊熱情。那實際上是自然更迭的標準程序。更進一步說，老舊的之所以被判定為過時，並不是因為它已經老態龍鍾，而是它正面對著一個新的規則，而後者正由於其嶄新，便足以讓舊的成為古董文物。同理，如果我們沒有孩子，我們就不會感到自己垂垂老矣，又或者衰老的進程會大大減緩。同樣的道理也適用於機器，一輛十年前生產的汽車似乎比二十年前的火車頭更像古董，只不過因為一代代引擎的生產有著更快的更新速度。這種伴隨著新生代崛起而生的衰落，是一種健康的象徵。

但是，如今發生在歐洲的情況卻是不健康並且不正常的。雖然並沒有新戒律誕生的跡象，但歐洲原有的戒律卻已經失去其效力。我們被告知，歐洲已經不再處於統治地位了，然而卻沒人看到有誰將取代她的位置。

　　對於歐洲，我們首先所指的是法國、英國和德國的三位一體。正是在全球被它們所占據的勢力範圍內，人類的生存模式已經成熟，世界才以此為依據被相應組織起來。如果真的像如今宣布的那樣，三者已經處於衰落之中，它們的生活規劃早已失去了有效性的話，那麼世界正處於崩解邊緣也就不足為奇了。

　　事實就是如此這般簡單。整個世界——包括國家和個人——都在分崩離析。在相當長的一段時間裡，這種趨勢都令人們感到相當愉悅，甚至一度引起了一種模糊的幻覺，令下等階層認為他們終於卸下了肩頭的重擔。摩西（Moses）的十誡從它們被鑿刻在石頭或青銅上起，就保留著其沉重的特質。「統治」（command）一詞的詞源傳達著將重量放置到某人手中的概念。統治者不可避免會令人厭煩，而整個世界的下等階層又已經厭倦了被指揮和命令，於是便趁機擺脫戒律的繁重任務，在如假期般的氛圍中充分享受閒暇帶來的快樂。但是，這樣的假日時光並不會持續太久。沒有了戒律迫使我們必須按照某種方式而活，我們的存在就會恍如「失業」一般隨意。這是一種非常糟糕的精神狀態，就連當前世界上最優秀的年輕人也會飽受其苦。

　　伴隨著自由和不再受到任何限制束縛的感受而生的，是一種內在的空虛感。「失業」的生存狀態對生命而言，是一種比死亡本身更為嚴屬的否定。因為活著就意味著有明確的事情要

做，有需要達成的目標，而在某種程度上，當我們對生命置於其中的某種任務採取逃避態度的時候，我們就已經令生命淪於虛空。不久之後，整個世界都將聽到一陣可怕的哭喊聲，就像無數隻狗向著星辰狂吠那般升騰而起，要求著某些人或者某些事能掌握指揮權，將職業與責任強加到他們的肩頭。

發出哭嚎聲的，正是那些帶著孩子般的無知、聲稱歐洲已經失去統治權的人。行使統治權，也就意味著給人民一些能做的事情，指引他們融入自己的命運，防止他們將生命耗盡在一種空虛荒涼、漫無目的的狀態中。

如果有人能夠取代歐洲的位置，那麼即使歐洲失去了指揮權也沒什麼關係。但是，新文明卻連最微弱的跡象都沒有出現。紐約和莫斯科相對於歐洲而言，根本算不上什麼新鮮事物的代表。他們不過是歐洲秩序的兩個截面罷了，倘若與其他部分隔離開來，也就失去了其本身的意義。最清楚不過的事實就是，人們不敢去談論紐約和莫斯科，因為不知道它們究竟是什麼樣子；人們唯一知道的事情就是，對它們中的任何一個都還沒有定論。

但即使對它們究竟是什麼缺乏足夠的認識，人們還是能充分理解兩者之間的共通性。實際上，它們極其完美地符合了我經常說到的「歷史的偽裝現象」。究其本質而言，所謂偽裝現象就是事實並非看上去那般的現象。它的外表，非但不是為揭示

其實質，反而隱藏了它的實質。因此，人群中的大多數都上當受騙了。一般而言，避免受騙的唯一辦法就是預先知曉存在偽裝這回事。海市蜃樓的出現和這偽裝是同樣的道理。對於這一現象的了解能夠幫助我們戳破視覺上的幻象。

在每一個關於歷史的偽裝背後，我們都能找到兩種互無重疊的事實：一種是真實的、本質的、深層的，而另一種則是淺表的、偶然的、流於表面的。就像我曾在其他場合下觀察到的那樣，一個經常被遺忘的事實就是民族的演化存在著兩種主要的方式：有些民族誕生於一派沒有任何文明的「混沌」之中，比如埃及人。在這樣的民族中，一切都是土生土長的，他們的行動對他們的思想有著直接的指向。但另外還有一些民族，在他們誕生並發展的環境中，已經盤踞著某種具有悠久歷史的文明，比如成長於地中海世界的羅馬，那裡的海水已經為希臘 —— 東方的文明所浸潤。因此，羅馬人所表現出的「姿態」中有近一半並非源於他們自身。而那些他們習得的、接受的「姿態」往往具有兩重性，其真正的含義是模糊而不夠直接的。當一個人在實踐某件學習到的行為時，其舉止之下往往隱藏著自己真正的動機，比如在說某些外語詞彙的時候，人們首先要將其翻譯成自己的語言。因此，為了洞穿偽裝，婉轉迴環的方式很有必要，比如觀察一下人們是如何站在自己的立場上憑藉一本詞典對所看到的文字進行翻譯的。我期待著能看到這樣一本

書，書中將史達林（Joseph Stalin）的馬克思主義翻譯成了俄國歷史。因為只有俄國人所擁有的力量才是俄國的力量，而不是共產主義的力量。上帝知道那會是怎麼樣的！我們唯一所能斷言的，就是俄國還要花上數個世紀的積澱才有望掌權。這樣說是因為她仍缺乏戒律，所以不得不假裝遵循馬克思的歐洲原則。不過鑑於她還足夠年輕，所以這樣的偽飾也足以為她所用。年輕人並不需要生存的理由，只要有藉口可供使用就足夠了。

在紐約也上演著相似的情況。在那裡，人們同樣地將其實際的力量歸功於所遵從的戒律。這是不對的，因為歸根究柢，這些戒律都可以被簡化為一種技術主義。多麼奇怪啊！技術主義是歐洲的又一項發明，由歐洲在 18 世紀到 19 世紀之間創造出來，而並不屬於美國。同樣非常奇怪的是，美國正是在這兩個世紀之交醞釀著國家的誕生。我們被嚴肅地告知，美國的本質就是其生活中的實用主義和技術主義，而不是像所有其他殖民地一樣，美國是那些古老民族的又一輪迴，尤其是歐洲的古老民族。出於與俄國的情況相異的原因，美國也提供了一個我們稱之為「新興民族」的特殊歷史現實的典例。「新興民族」通常僅僅被視為一個片語，但實際上，它和人類中有「年輕人」一樣，都表述了明確的事實：美國的強大正因為它年輕，並使自己適合服務於現代技術主義統治的位置上，而如果當今世界的規則是佛教的，那麼它同樣可能為佛教服務。不過雖然如此行

事，但畢竟美國才剛剛開啟自己的歷史，如今的種種嘗試、糾紛、爭端等，不過都只是起步階段。美國還缺少很多東西，其中有些就與技術主義以及實用主義相矛盾。

　　美國比俄國更年輕。雖然擔心有誇大的嫌疑，但我總反覆強調，隱藏在美國最新的發明創造背後的，是偽裝起來的野蠻人。如今，沃爾多・弗蘭克在他的那本《重新發現美國》裡公開做出了同樣的論斷。美國人還沒開始遭罪，因此認為他們具有掌權的資質不過是一種錯覺。

　　任何不忍直視這一悲觀論斷的人 —— 即人們將不受控制，世界歷史將因此重新墮入一片嘈雜，人類不得不重新回到開始的地方 —— 都會嚴肅地自問：「歐洲果真如人們所說的那樣正在衰落嗎？她真的會放棄統治權選擇退位嗎？也許這種表面的衰落實為一場有益的危機，反而促使歐洲成為真正的歐洲？如果有一天歐洲的國家形成一個共和國，如果歐洲的多樣性被統一的集合體所取代，那麼這些國家如今明顯的衰落是否就只是一種先驗的必須？」

4

　　在每一個社會中，指揮與服從的執行都是決定性的。只要在由誰指揮以及要誰服從方面存在疑問，那麼其他方面注定會是不完美且低效的。即使是人類的良知，除非極特殊的例外，

也會被擾亂和歪曲。除非人是一種孤獨的動物，只在極偶然的情況下才會與他人建立起連繫，否則就沒有可能從這種統治權的迭代和危機中不受困擾地、完好無缺地擺脫出來。但由於人在最本質層面上的社會屬性，人格將會因種種變化而改變，而這從嚴格意義上來講，往往是集體影響的直接後果。因此，如果將個人從集體中分離出來單獨分析，那麼即使在沒有更多數據的情況下，也依舊有望推測出在指揮與服從的關係方面，其所屬的國家是如何形成國民道德意識的。

如果將普通西班牙人的個性提交到這項測試中，結果應該是有趣甚至有用的。但是，執行起來的過程一定會非常令人不快，並且結果雖然有用，卻也會令人失望，因此我避免這樣去做。不過，這倒也揭示出個人道德淪喪和墮落之深廣程度，而它之所以出現在我們國家的普通人身上，則是由於幾個世紀以來西班牙都是一個在指揮和服從問題上持有錯誤認識的國家。所謂墮落，無非指的就是將混亂無序作為一種常規且持續的狀態予以接納，或者說哪怕明知這種狀態並非正確，卻依然接受下來。

由於其本質中不健康和反常的東西不可能被轉化為健康的常態，因此人們決定調整自己以適應實際上是錯誤的事情，令自己成為罪惡或者無規則本身的一部分。個中機制和流行的諺語中暗示的內涵頗為相似：「一個謊言會接連引發一百個謊言。」

每一個國家都曾經歷過這樣一個時期，即不具備資格的人想方設法去行使統治權，但在一種強烈直覺的驅動下，人們凝聚全部的力量粉碎了這種想要掌權的不正當欲求。他們駁斥了出現的不正規行為，並且因此而重整作為一個民族的士氣。

但是西班牙人所做的卻與此截然相反：非但沒有抵抗那種他們在內在意識裡持否定態度的權威，還試圖扭曲自己的其餘部分，使之與那些初始時便不具真實性的事物保持一致。只要這種趨勢在我們的國家繼續存在下去，那麼對我們這一種族的人們抱以任何希望都只是徒勞。任何一個國家和權威的本質帶有欺詐性的社會，對想要在歷史上占有一席之地這種艱鉅的任務，都不可能有充足的精力。

因此，以下事實也就不足為奇了：對於由誰來統治這個世界的問題，產生的任何一絲微弱的懷疑或者任何一點單純的猶豫，都足以在每個人身上引起公共生活和私人生活道德淪喪的開端。

人類的生命，究其本質而言，必須要投注於某些事物之中，比如或低微或榮耀的事業，或者可能重如泰山也可能輕如鴻毛的命運。我們正面臨著一種情況，雖然陌生但勢不可擋，涉及到了我們每個人的存在。一方面，活著是每個人都要做自己的事或為自己做事；而另一方面，如果個人的生命是僅僅與個人有關的生命，無法由個人自己掌控而有所追求，那將會是

脫節的、缺少張力的、只有「外在形態」的生命。近些年來，我們不斷目睹不計其數的人將生命迷失在其自己的迷宮裡，因為無所事事而遊蕩徘徊。一切指揮、一切命令都被叫停。這種情境乍看之下相當完美，因為每個人都獲得了足夠的自由按照意願行事，去關照自己。其他民族也都同樣如此。歐洲已經減輕了對世界的施壓，但得到的結果卻與預期中完全相反。回歸自我之後，每種生命都流於空虛，苦於無事可做。然而又必須有些什麼來填補虛空，於是他們為自己發明了種種享樂，將生命錯誤地投注於沒有任何實際意義的活動當中。今天是一回事，明天又是另一回事，哪怕兩者完全對立也在所不惜。

在發現自己孑然一身後，生命就徹底迷失了。純粹的利己主義是一個迷宮，這並不難理解。真正的生活是被指引著去實現些什麼，去朝著具體的目標努力。這個目標不是個人的動機，也不是個人的生命本身，而是個人將生命付諸其中並最終從中解脫出來、實現超越的東西。如果一個人只是任性地決定獨自埋首於自己的一方天地，那麼他就會停滯不前，困守原地，繞著同一個原點不斷打轉。這就像一座迷宮，像一條不會指引我們抵達任何地方的死路，它的自我本就已經迷失，內在的所有一切不過都是不停地打轉。

第一次世界大戰之後，歐洲人就日趨將自我封閉起來，沒有給自己或他人留下任何計畫。因此，當前的一切不過是十年

前的歷史重演罷了。

　　權力的執行不會是徒勞無功，它將一份壓力施加於他人。但是，並不僅限於此。如果只是這樣的話，那將與純粹的暴力無異。我們必須記住發號施令具有雙重效果：手握統治權的人一方面在指揮人，另一方面在指揮人們完成任務。而從長遠角度來看，人們所被授命去完成的事情，正構成了他們自身事業以及歷史命運的一部分。因此，沒有任何帝國不是生命規劃的結果；更確切地說，它們都是帝國生命的規劃。席勒（Schiller）寫下的詩句所言甚是：「當國王著手建設，馬車伕們就有事可做。」

　　因此，那些認為偉大民族的活動與偉大個人的活動出自同樣動機的想法是不宜採納的，那只是利己主義的靈感。想要成為純粹的利己主義者並沒有想像中那麼簡單，並且這樣的人也從來沒見成功過。偉大民族以及偉大個人的利己主義，都帶有不可動搖的堅定性，因為它們將自己的生命傾注於某項重大事業之中。當我們開始著手做事，將自己投入到某個目標的實現之中時，便不可能奢望照顧到每一位路人 —— 即使他們從我們身旁經過，讓我們擁有展示利他主義的機會。令旅行者們在西班牙最高興的事情，就是當他們詢問某條街道或者某個廣場怎麼走時，被詢問者總會停下腳步，慷慨地將自己的時間獻給陌生人，親自帶其前往目的地。我並不否認，在這種寶貴的西班

牙式性格之中根植著慷慨大方的基本元素，並且我很高興外國人能從這個角度去看待指路的行為。但是每當聽到或者讀到類似報導的時候，我總抑制不住地冒出深深的懷疑：「在我的同胞們遇到問路者前，他們自己真的有要去的地方嗎？」在很多情況下，西班牙人看起來似乎根本無處可去，沒有任何目標或者使命，他們只不過是想跑出去看看有沒有以其他人的生命稍作填補的可能性。據我所知，有相當多這樣的例子，我們的國人經常跑到街上去偶遇陌生人，以期能同路一程。

除了那些由於年輕還處於「史前期」的例外，迄今為止歐洲對統治世界所持有的懷疑態度已經足以使歐洲之外的其他國家氣勢低落，這已經足夠嚴重了。但更為嚴重的是，一個決定命運的關鍵性時刻接踵而至，因為事態已經發展到了連歐洲人自己都士氣低落的程度。我不會因為我是歐洲人就對此避而不談。我也不會說：「如果歐洲人不再繼續掌握統治權，我就會對整個世界失去興趣。」之類的話。如果確實有其他的國家能夠取代歐洲在掌權以及引領世界方面的位置，那麼歐洲失去統治權根本不會對我構成困擾，我甚至對此都不會過問。但如果不是這樣的話，如果會使得歐洲人的所有美德和品德都消失不見的話，那麼我寧願這個世界無人統治。

好吧，這就是整個世界不可避免將要面對的情況。如果歐洲人逐漸習慣於不再統治，那麼只消一代半左右的時間就足以

使得舊大陸連同整個世界變得道德怠惰、智力貧瘠，出現大範圍的野蠻化。只有統治帶來的期望，以及其中所蘊含的克己復禮的紀律能夠令歐洲人的思想保持張力。由權威意識創造的滋養氛圍是科學、藝術、技術賴以生存的基礎。如果根基出現匱乏，那麼歐洲人必將逐漸墮落。他們的心靈將失去那種深深扎根的信仰，正是這種信仰驅使著他們精力充沛、勇敢、堅忍地在生活的各個方面捕捉偉大的新想法。歐洲人將不可避免地淪為平庸之輩。無力付出充滿創造性的、精深的努力，勢必將不斷落後於往日，囿於傳統和習俗層面。歐洲人會墮落成一種普通的、庸常的、空虛的生物，就像衰落中的以及整個拜占庭時代的希臘人。

充滿創造力的生命意味著精神絕對健康的政體，具有高度的組織性，並且需要受到持續的激勵，令人們的尊嚴意識時刻保持活躍。充滿創造力的生命也是精力充沛的生命，而這只有在以下兩種情況之一成立的前提下才有可能：或者作為統治者，或者降生於一個由某人統治的世界，認可其行使統治權的全部權力。總而言之一句話，要麼去統治，要麼就服從。所謂服從，我指的並非一味屈從——這根本就是退化——而恰恰相反，是要尊重統治者，並接受他的領導、團結在他的周圍，充滿熱情地緊緊追隨他的旗幟。

5

　　現在我們最好回到這篇文章開始時提出的觀點上來，即這些年來已經被大肆討論過的奇怪現象：歐洲的衰落。有一個非常令人驚訝的細節，衰落最先並不是由局外人看出來的，促成這一發現的恰是歐洲人自身。當舊大陸之外的人尚未想到這一點時，德國、英國、法國的一些人在腦海中就已經出現了暗示性的猜想：「我們已經開始衰退了嗎？」他們的想法得到了很好的宣傳，如今幾乎人人都在討論歐洲的衰退，就好像那是無可爭議的事實。

　　不過，只要召喚做出如此公告的人，質詢他的判斷有什麼確鑿的、準確的數據作為理論依據時，就會發現他彷彿遭遇了沉船事故之人，只能擺出一副含混的姿態，為抓住些什麼而肆意揮動著手臂。實際上，他沒有任何理論依據。當他們嘗試去定義歐洲的衰落時，腦海中唯一浮現出來的並非具體細節，而是複雜的經濟問題，那也是如今每個歐洲國家都為之大傷腦筋的。但倘若我們對這些困難的本質有所洞悉的話，就會發現無一嚴重到對創造財富的力量構成影響的程度，況且，舊大陸也已經成功度過了更為深重的危機。

　　或許，問題的本質只是德國人或者英國人感到自己再無法創造出比以往更多、更好的東西了？沒這回事。非常重要的是，我們仔細研究了在經濟領域內德國人或者歐洲人真實精神

狀態的成因。我們奇怪地發現，他們當下實實在在的沮喪狀態並非源自對自己失去能力的感受，而是恰好相反，他們感到自己比以往任何時候都更強大。但同時，他們遇到了一些致命的障礙，正是這些障礙使得他們無以將更強大的力量付諸實現。德國、英國、法國實際的經濟界限，正是它們每個國家的政治界限。因此，真正的困難便找到了其根源所在：並非表現出來的這樣或那樣的具體經濟問題，而是在於公共生活的形式完全不足以匹配經濟能力發展的規模。

在我看來，這種萎縮、無能的感覺，無疑嚴重抑制了歐洲在這一時期的活力，而其根源正在於歐洲的巨大潛力與其必須於其中展開行動的政治組織形式之間的不均衡。解決重大需求問題的衝動和以往一樣緊迫，但卻為如今歐洲已經分裂為一些相對較小的國家之牢籠所束縛。消極沮喪的情緒構成了整片大陸的精神負擔，就像有著寬闊翼展的鳥類，每每準備振翅高飛之際就會撞在籠子的欄杆上。

同樣的情況也發生在所有其他領域中，不過個中影響要素與經濟領域有所不同。以知識分子的生活為例。如今生活在德國、英國或者法國的每個知識分子都在國家的界限中感到備受束縛；覺得他們的國家完全就是個牢籠。有位德國教授如今意識到，他在其直接受眾團體的驅使下去寫作的那一類作品簡直就是徹頭徹尾的荒謬，他無比懷念早先法國作家或者英國散文家所擁有的自由。反之亦然，如今巴黎文學界人士也開始意識

到咬文嚼字的文學語言傳統、形式主義傳統正走向沒落，他們傾向於在保持一些傳統的優秀特質的同時，借鑑德國教授具備的優點來不斷加強自身。

在內部政治領域也可以看到同樣的事情正在發生。對於幾乎所有了不起的民族如今竟都遭逢低潮這一政治生活中的奇怪現象，我們至今還沒看到有什麼敏銳的分析出現。我們被告知，民主政體已經失去聲望。但正是對這一點有必要做出進一步解釋，因為喪失聲望本身就是非常令人費解的。詆毀議會制的言論無處不在，但是人們並沒有在任何國家看到對其加以替換的嘗試，即使是在空想家們的誇誇其談中也沒有出現更理想、更好的形式。那麼，這種聲譽的喪失也就不具備多大的真實性了。問題並非出在歐洲拿來充當公共生活工具的制度上，而在於人們想利用其達到何種目的。歐洲目前還缺乏足以滿足個人生活之勃勃生機的能力。

此處我們面臨著一種幻覺，對其予以糾正對所有人都是非常重要的，因為要聆聽每時每刻冒出來的蠢話是非常令人痛心的。以議會為例，對於議會執行的傳統方法存在著一整套看似正當合理的反對意見，但如果逐一落實對它們的分析的話，那麼就會發現似乎沒有任何一個能夠證明議會應該被廢止這一結論的正當性，恰恰相反，它們不過直接而明確地指出議會需要改革。

現在，人們所能做出的最好建議就是制度需要改革，因為話語中指出了制度的不可或缺，並且具有創造新生的能力。如今的汽車，正是誕生於 1910 年以來的所有反對聲音之中。不過，議會之所以會陷入粗俗議論而不受尊重的地步，並非由於上述整套反對意見而起。比如說，當有人告訴我們議會是沒有效力的時候，我們自然會發問：「為什麼會變得無效？」畢竟效應是一種手段在被用以實現某種結果時所發揮的作用。而在這種情況下，議會的最終效應就應該展現在每個國家公共問題的解決。因此，我們要求聲稱議會已經失去效力的人至少提出能夠真正解決公共問題的方案。如果尚沒有國家清楚如今必須要做些什麼 —— 哪怕僅僅是在理論層面上的設想，那麼指責議會制度的低效就是毫無意義的。

我們最好重新提醒一下自己，在歷史上還沒有任何一種制度創造出了比 19 世紀議會制下更強大、更高效的國家。很顯然，忘記如此毋庸置疑的事實意味著徹頭徹尾的愚蠢。因此，我們不能將承認改革立法結構使其變得更加有效的可能性以及緊迫性，與將其論斷為徹底無用混為一談。

議會威望的喪失與它們聲名狼藉的缺陷毫無關係，即議會被作為一種政治的手段。問題來自於其他方面的原因，那就是歐洲人並不知道該如何發揮議會的作用，同時又對公共生活的傳統目標失去了敬畏。也就是說，歐洲人對自己感到受限並被囚禁於其

中的國家不再抱以任何幻想。如果對議會威望的喪失這一已經討論頗多的話題再仔細地多做一點分析的話，就會發現無論是在英國、德國還是法國，公民都不再對其國家懷有敬意。對體系中具體細節的改變並無甚用處，因為不敬遠非種種細節所導致，而是因為國家本身已經變成了一種微不足道的存在物。

歐洲人當前在經濟、政治、精神等方面均受到了來自國家的限制，因此第一次感到他們的那些計畫 —— 換句話說，那些可能性 —— 與他們身處其中的集合體規模之間完全不相稱，進而意識到，無論身為英國人、德國人或者法國人，其實都與鄉下人無異。他們已經注意到，與以往相比自己變得「匱乏」，因為曾經的英國人、法國人和德國人各自相信自己就是整個宇宙。在我看來，這就是如今折磨著歐洲人的衰落感的真正來源。因此，衰落真正的根源是純粹精神性的，但同時也充滿矛盾，因為衰落的預感恰恰來自於他們的能力得到了提升，卻發現自己為舊組織所限制的事實。身處舊組織中的他們，找不到任自己一展身手的空間。

為了讓我的話更有理有據，讓我們舉一些具體的實例，比如以製造汽車為例。儘管汽車是純粹的歐洲發明，但如今北美的產品明顯品質更優。由此得到的結論就是：歐洲的汽車工業正在衰退。但實際上，歐洲的汽車製造者們很清楚，美國產品的優越性並不在於大洋另一端的人們具有什麼特別的技術優

勢，而僅僅因為美國人擁有面向一億兩千萬消費者的、不受限制的市場。想像一下當歐洲工廠面對一個涵蓋了所有歐洲國家以及其殖民地和保護領地的市場時，如果說為五億乃至六億人設計的汽車會比福特更好更便宜，恐怕沒有人會對此提出質疑吧？確定無疑的是，美國在汽車工業方面最獨到的優勢是市場規模及同質性帶來的結果，而非其原因。工業的「合理性」是其市場規模的自發結果。

因此，歐洲的真實處境將會是這樣的：燦爛悠久的歷史將會使之步入各方面均有所提升的新階段；但與此同時，從過去沿襲下來的體系則在塌縮，成為擴張的障礙。歐洲是以各個小國的形式建立起來的，因此在某種程度上，民族國家的意識和情感是其最顯著的特徵。然而如今，她卻發現不得不去超越自己。這應該是未來幾年之內將會上演的大戲之梗概。歐洲能否擺脫過去殘餘的限制，還是永遠淪為其囚徒？在歷史上同樣的事情已經發生過一次，當時一種偉大的文明因為無法採納取代該國傳統國家觀念的新觀念而終結。

6

我曾經在其他地方講述過希臘 —— 羅馬世界的苦難和滅亡，我的讀者們可以參考其中的內容以獲得更具體的細節。不過眼下我們可以從另外一個角度來討論這個問題。

希臘人和拉丁人甫一在歷史中登場，就居住在城市和城邦中，和蜂巢中群集的蜜蜂如出一轍。這是一個簡單的事實，起源卻非常複雜，我們必須不加遲疑地以此為出發點，就像動物學家總是從掘土蜂活得像個獨居的流浪者，而黃金蜜蜂卻擁塞於蜂巢中這一確定無疑、幾乎無需多做解釋的事實開始一樣。出土文物和考古學研究讓我們了解到早在雅典和羅馬建成之前，那片土地為何人所擁有。不過具體如何從純粹農耕式的、沒有任何特徵可言的史前階段，過渡到城市的崛起，彷彿在兩個半島的土壤中結出了新型的果實，仍然是謎一般難解。我們甚至不清楚在史前人類和將偉大創新──建立起公共廣場，並圍繞其建立起城市，使它們遠離田野──引入人類文明的新興集體之間的種族淵源。因為事實上，對城市和城邦最準確的定義與給大砲下的滑稽定義無異。你找一根管子，用鋼鐵緊緊包繞在外圍，那就成了你的大砲。所以，城市或者城邦的開端，就是一片空曠的空地，即所謂廣場、集市，而其他所有一切不過都是為了加強該空間、限制其範圍所採取的手段。城邦最初並非宜居場所的集合，而是供市民進行集會的場所，是為了實現公共職能而專門設定的一區域。

　　與小村莊或者住宅區不同，城市並非為了遮風擋雨和繁衍後代的目的而建造──那些都是出於私人化、家庭化的考慮，而是為了討論公共事務。請注意，城市意味著一種新型空間的誕生，比愛因斯坦發現的空間還要新奇。直到城市出現之前，

都只有曠野這一種空間，而其中所有一切成果都涉及到人類的生存。生存於大地之上的人類不過是另一種形式的植物，他們的存在，他們所感受到、想到、期望著的一切都保留了植物生存狀態中那種昏昏沉沉的滯重特質。從這個角度來看，亞洲以及非洲的偉大文明，都不過是植物的無限擬人化。但是，希臘 —— 羅馬人卻決定將自己從土地上、從「自然界」中、從地球 —— 植物的宇宙中連根拔起。這怎麼可能呢？人們如何將自己從田野中撤回呢？

　　鑑於地球本就是一片巨大的、無垠的田野，人類將要去向何方？非常簡單，人類可以透過築牆的方式在這片田野中劃分出一塊，從而在無定形且無限的空間中建立起一種封閉的、有限的存在。於是，便有了公共廣場的誕生。它不同於房屋，不是從上方關閉的一個「小天地」，也不像田野中出現的洞穴，它的存在是對田野純粹且徹底的否定。

　　因為有了環繞著的圍牆，廣場雖作為田野的一部分，卻將其後背朝向了其他部分，樹立起將它們排除在外的敵對姿態。這一從無限中脫離出來的、較小的、反抗的空間，忠實於自我的領域，那是一片自成一派的最新型空間，存在於其中的人類將自己從動植物群落的狀態中分離出來，把它們通通拋於九霄雲外，創造出一個完全由人類構成的封閉空間，一個文明的空間。因此，偉大的公民、城邦精神的典範蘇格拉底（Socrates）

說道：「田野中的樹木與我何相關，我只與城市中的人民有關係。」對此，印度人、波斯人、東亞人或者埃及人又能有幾分理解呢？

直到亞歷山大大帝（Alexander the Great）和凱撒時代，希臘和羅馬都在各自的歷史上包含著此兩類空間之間的不斷鬥爭：在理性的城市和自然的國土之間，在立法者和農夫之間，以及在法律和鄉野之間。

不要認為這種關於城市起源的說法只是我個人的虛構，或者僅僅是種象徵性的事實。出於莫名的固執，希臘 —— 拉丁的居民們在其記憶的最深處保留著對 synoikismos 最基本層面的回憶。不必費心去思索該詞彙文字之外的潛在含義，簡單地直譯理解就足夠了。Synoikismos 指的是群居的決心，因此是一個從嚴格意義上來講具有雙重含義的名詞，既指物理層面上的集合，同時也是法律層面上的結合。就像植被在鄉村散布各處一樣，居民也在城鎮大量聚集起來。城市就是一座超級豪宅，取代了底層人民的住所或巢穴，是比家庭住宅更高階、更抽象之存在的創造產物。它並非由男人和女人構成，而是由居民組成的理想國。城市的誕生標記了一個新的次元，人類無法再還原回最初與動物共存的狀態，而過去僅僅生而為人者將要開始發揮他們旺盛的精力。正是以這樣的方式，城市進一步開始了向國家的演化。

　　按照上述方式，整個地中海沿岸開始表現出自發向國家形式發展的傾向。透過各種不同方式，非洲北部（「迦太基」＝城市）也或多或少地複製了同樣的軌跡。直到 19 世紀，義大利才擺脫城邦制，而我們的東海岸之所以很容易就分裂成了各自為政的州郡，同樣也是這種由來已久的靈感之餘味。[32]

　　由於城邦在容量上的貧乏，使我們得以清楚地看到國家原則的本質。一方面，「國家」一詞意味著歷史的力量已經達到了平衡、穩固的狀態。從這個意義上來說，它象徵著歷史運動的對立面：國家實際上是一種穩定的、組成性的、靜止的生命形式。但是，這種固定、絕對、不變的形式，和所有的平衡狀態一樣，都廢止了產生和支撐國家的必要推動力。總而言之，它令我們忘記了國家的構成恰恰是過去運動的結果，忘記了為其形成所需付出的所有鬥爭和努力。國家的成型過程先於已經形成的國家，這就是國家運動的規律。

　　由此我想指出的是，國家並不像人們以為的那樣是一種業已成型的社會形式，一份天賜的禮物，而是需要由人們親手來建設的。不同於部落、宗族或者其他以血緣關係為基礎建立起來的社會，國家的形成不能僅憑自然的作用而沒有人類的通力合作。恰恰相反的是，只有當人們試圖從他們憑藉血緣就成

---

[32]　有趣的是，在加泰隆尼亞出現了一種對立傾向的合作：歐洲的民族主義和巴塞隆納的城市化。在巴塞隆納，人們仍延續著早期地中海人的作風。我在其他地方也曾講到過，我們的東海岸生存著遠古人類遺留在伊比利半島上的後裔。

為其中一員的自然社會中脫離出來的時候，國家才真正開始形成。並且當我們說到血緣關係的時候，實際上也可以同樣意指其他各種自然規律，比如從語言的層面上來看，國家的構成就是不同種族和方言的混合。它是超越所有自然社會後的產物，是一種跨文化、多語言的產物。

因此，城市起源於不同民族的集聚。在異質性的生物學基礎上建立起法律體系抽象且同質性的結構。[33] 當然了，這種司法的一致性並非敦促國家創造性運動的原動力。那種原動力比單純法制更為本質，是一項重要民生事業的規劃，要遠遠超過那些憑藉血緣連繫起來的小團體可能擁有的計畫。在每一個國家的起源過程裡，我們都能看到或者想像出這樣一個了不起的「團體發起人」的形象。

如果我們研究一下稍早於國家誕生之前的歷史情況，總能發現以下發展脈絡：存在著各種不同的小團體，每一團體的社會結構都精心設計得足以保證其自給自足。每一種社會形式都只為其各自「內部」的共同存在而服務。這也就意味著在過去，他們實際上都孤立地存在著，除了偶爾需要與鄰居稍作接觸外，全憑自己並且全為自己而活。但是，相對於這種實實在在的隔離狀態，之後又已經形成了一種「外部」的共同生活，尤其是在經濟領域。每一團體中的個體生活都不再局限於自己

---

[33]　法制上的同質性並不必然意味著中央集權。

的小圈子裡，他生活中的一部分與其他團體中的個體之間開始建立起商業或者智力上的連繫。於是，在「內部」與「外部」這兩種共同生活之間出現了不平衡。已經確立的社會形態，包括法律、習俗、宗教信仰等，都支持內部的存在，但卻令外部這個更新穎、更豐裕的存在變得困難重重。在這種情況下，國家原則實際上就成了為消滅內部存在而發起的運動，它以一種足以承載外部新生活的社會形式作為替代。將以上所說的應用到歐洲當下的實際情況裡，就會發現抽象的表述變得具體而生動起來。

除非某種特定人群的思想能夠徹底摒棄共同生活的傳統結構，並且創想出一種從前並不存在的新形式，否則就不可能有名為國家的創造物。因此我們說國家的誕生是一種真正的創造，其出現完全是偉大想像力的傑作。想像力是人類獨有的解放力量，在一定程度上，一個民族正是倚仗著其想像力才得以發展成國家。因此，對於所有民族而言，在其演化成為國家的進展方向上都存在一個限度，恰恰就是大自然為想像力所設定的限度。

希臘人和羅馬人能夠想像出以城市的形式戰勝鄉村的分散性，但他們卻止步在了城牆之下。曾有人試圖將希臘 —— 羅馬的思想向前發展一步，將其從城牆之內解放出去，結果卻徒勞無功。以布魯圖斯（Brutus）為代表的羅馬人想像力的局限性，

導致了對凱撒的刺殺，而後者正代表著古代最偉大的想像力。對於我們今天的歐洲人而言，回憶這段歷史極為重要，因為我們的時代也已經走到了同樣的歷史關頭。

7

在古代世界裡，清醒的頭腦 —— 真正算得上清醒的頭腦 —— 可能並不超過兩個：地米斯托克利（Themistocles）和凱撒，兩位頭腦清醒的政治家。當然了，肯定另有不少人也對事物產生過清醒的認識，包括哲學家、數學家以及博物學家等。但是，他們的清醒是一種科學秩序上的清醒，也就是說，是關於抽象事物的。無論是科學得出的結論，還是科學的本質，都是抽象的，而抽象的事物本身就都是清清楚楚的。因此，科學家的清醒與其說是在於其頭腦，倒不如說是得益於所涉及的問題本身之清晰。

真正令人困惑的、錯綜複雜的，是具體的、鮮活的現實，它們始終是獨特的存在。能夠從中導航一條清晰的路線，可以從每一個關鍵情景所呈現的混亂中感知到潛藏著的運動架構的人，才算得上擁有清醒的頭腦，換句話說，他們才是在生活中沒有迷失自我的人。仔細觀察一下你身邊那些人吧，你會發現他們在生命中迷茫地徘徊，就像身處美夢或者夢魘交錯間際的夢遊者一樣，對發生在自己身上的事情沒有半點懷疑。你能聽

到他們用準確的術語談論自己以及周圍的情況，看起來似乎對發生的種種持有自己的觀點。但是，一旦開始分析這些觀點你就會發現，它們幾乎無法以任何形式反應所指的現實，倘若再分析得更深入一點的話，你還會看到其中沒有半點根據現實對其加以調整的嘗試。相反地，個人試圖透過這些觀念切斷對現實、對自己生活的看法。生命對他們而言，從開始便迷失在了一片混亂之中。每個人對此都心存懷疑，但是他們害怕面對恐怖的現實，並掩耳盜鈴地試圖以每件事都清楚明白的幻想作為簾幕對其加以遮蔽。他們並不擔心自己的「觀點」不真實，他們將其用作戰壕抵禦自身的存在，用作稻草人嚇退真正的現實。

擁有清醒頭腦的人會令自己擺脫虛幻觀點的麻痺，並面對生命的真實，他們意識到每件事中存在的問題，並感到自己迷失於其中。生活的真相正在於此 —— 或者說生活就是感到自己的迷失，因此，他們對現實的接受便已經是找回自己的開始，並且是一個腳踏實地的開始。就像遭逢海難時那樣，人會本能地四下尋找可攀附的東西，因為事關性命的拯救，那悲情、決絕的目光中卻也透出十足的真誠，並且將使他把秩序帶到生命的一片混亂之中。遭遇海難者的想法，才是唯一真實的想法。其他所有不過都是巧言令色、故作姿態，全是胡鬧罷了。並未感到自己迷失之人，實際上已經無可挽回地永久迷失了；也就是說，他從來沒有找到過自己，也從來沒有與自己的真實對視過。

這在每一種秩序下都是適用的，即使科學也同樣如此 ——
雖然科學究其本質而言是一種對生命的逃避（大多數的科學人都
是出於害怕面對生活而投身於科學研究的。他們並沒有清醒的
頭腦；因此一旦面對任何具體的情況，他們都只能表現出聲名
狼藉的無能）。在問題面前我們能從多大程度上感受到自己的迷
失，看出它充滿問題的本質，並意識到我們不可能從現有的觀
念、習慣、箴言或單純話語中尋得支持，決定了我們的科學觀
點價值幾何。發現全新的科學事實之人，必須首先將此前他曾
學到的東西徹底粉碎，並且在抵達新的真理之所在時，手上沾
滿了屠殺無數陳腔濫調後的鮮血。

　　政治比科學要現實得多，因為它是由個人忽然發現自己被
淹沒 —— 無論出於自願與否 —— 的特殊情況所構成。因此作
為一項測試，它能幫助我們更好地區分出哪些是清醒的頭腦，
而哪些只是墨守成規之所在。

　　凱撒是據我們所知具有從令人恐懼的混亂時代中洞悉現實
之根源這一能力的最高典範，那是人類曾經歷過的最含混不清
的時期。而命運彷彿還要讓這個典範的程度更上一層樓似的，
又在凱撒身旁安插了一顆了不起的「智慧」頭腦，也就是西塞羅
（Cicero），一個畢生致力於讓事情本質變得更加混沌的人。

　　命運過分的「垂青」讓羅馬的政治機器出了故障。這座台伯
河畔的城市，這座稱霸義大利、西班牙、北非，以及古典和希

臘時代的東方的城市，如今正瀕臨崩潰。其政治體系以市政自治為特徵，因此與城市密不可分，就像樹神必須依附著他們監護的樹木，否則就會陷入離散的痛苦漩渦。

　　無論哪種類型和範疇的民主，其健全與否都取決於一個簡單的技術細節 —— 選舉程序，其他所有都是次要的。如果選舉制度是成功的，如果它與現實情況相一致，那麼一切都會進展順利；但若非如此，即使其他種種發展勢頭良好，也一定會出問題。西元前 1 世紀的羅馬擁有至高無上的權力和財富，擴張之路所向披靡。然而由於堅持採用一套愚蠢的選舉制度，最終走向了滅亡。錯誤的選舉系統意味著僵死和愚蠢。因為選舉必須在城市中進行，鄉村的居民因此失去了投票權，更不用說那些分散在整個羅馬世界各處的人了。由於想要實現真正的選舉是不可能的，因此有必要把一切偽造得像是真的，於是候選人們拉幫結夥，找來退伍的老兵或者馬戲團演員之類的亡命之徒，他們這樣做的目的只有一個：威嚇選民。

　　沒有真正選舉制度的支持，所謂民主體系不過是空中樓閣。言語都是空話，而「共和政體除了空話以外什麼都不是」 —— 凱撒如是說。沒有任何地方行政長官仍握有權威；左派和右派的將軍們 —— 馬呂斯（Marius）和蘇拉（Sulla）—— 不斷在早已被架空的專政中互相攻擊，結果卻一無所獲。

　　凱撒從沒有闡述過自己的政策，但他卻始終忙著實施這些

政策。所以說，凱撒本身就是自己的政策，而非後來出現的君主政治教條。如果我們想要對此有所了解，那麼沒有其他的辦法，我們必須採取與凱撒同樣的行動，並賦予其凱撒之名。君主政治的奧祕正隱藏在凱撒主要的功勳背後：征服高盧人。為了承擔這一功業，他不得不公然反叛業已存在的立法權。為什麼？因為立法權掌握在共和派手中；也就是說，掌握在忠誠於城邦政體的保守派手裡。他們的政策可以總結為兩項：

第一，羅馬公共生活中的騷亂是過度擴張所引起的。一座城市統治不了那麼多的民族。每一次新的征服都是對共和國犯下的罪行。第二，為了防止國家體制的瓦解，需要一名國家元首。

我們所謂的「君主」一詞與羅馬人所說的「國家元首」有著幾乎完全相反的含義。從公民的意義上來講，元首與其他人無異，但為了管理共和體制的執行，他將擁有更高的權力。在西塞羅的《論共和國》(*De Re Publica*) 一書以及薩盧斯特 (Sallust) 對凱撒的回憶中，都透過找尋元首、公共事務總裁以及仲裁人，對政治家的思想進行了總結。

凱撒的解決方案與保守派們截然相反。他認為，想要補救以往羅馬因掠奪造成的後果，唯一的辦法就是繼續掠奪下去，將嚴峻的命運全盤接受下來。其中最重要的，是首先要征服西方的新興民族，因為在不遠的將來他們會比衰落的東方民族更

加危險。凱撒全力支持將所有西方的野蠻民族徹底羅馬化。

　　史賓格勒曾說過，古希臘 —— 羅馬人無法理解時間的概念，不能將自己的存在延伸到時間之外，他們只為當下時刻而存在。我傾向於認為他的論斷是不準確的，或者說至少讓兩件事變得容易混淆。古希臘 —— 羅馬人確實對未來相當無知，他們看不到未來，就像色盲患者辨認不出紅色。但是，從另一方面來講，他們的生活根植於過去。一旦準備在當下做些什麼，他們會先向後退一步，就像準備鬥牛前的拉加蒂約（Lagartijo）一樣。他們在過去尋找適合眼下情況的樣板，並且以此為裝備投身於現實的浪潮之中，由過去這套潛水服提供保護和偽裝。因此可以說，他的全部生活就是一場對過去的重複。用古代的模具澆鑄出來的人都是這樣，他們始終是古人的模樣。但這並不意味著他們對時間是麻木不仁的，而只能說他們的時間觀不夠健全：對未來的感受萎縮不足，以及對過去的感知過分肥大。我們歐洲人總是受到未來的吸引，認為那也是絕大多數物質的時間維度，並習慣以「今後」而非「以前」作為開始。因此，當我們看到古希臘 —— 羅馬人的生活時，很自然會覺得那是存在於「時間之外的」（achronic）。

　　這股一定要用過去模板之鉗掌控當下一切的狂熱，已經從古人傳遞給了現代的「考據學家」。後者同樣對未來相當盲目，同樣執迷於看向過去，狂熱地為每一種現實尋找著先例，並將

其粉飾為「沿波討源」。我之所以會說到這些，是因為即使是那些早期為凱撒寫傳記的作家，也基於認為凱撒試圖模仿亞歷山大大帝的預設而沒有真正理解這一偉大人物。對他們而言，做出這樣的假定是不可避免的：如果亞歷山大大帝因為想到米太亞德的榮譽而夜不能寐的話，那麼凱撒一定會因為亞歷山大大帝的成就而飽受失眠困擾。後繼者延續了同樣的推理思路。人類的腳步總是向後倒退，今日的步伐踩著昨日的足跡。當代考據學家只是傳統傳記作家的迴響而已。

人們想像凱撒熱望著以亞歷山大大帝的方式去完成事業——幾乎每個歷史學家都相信如此——而完全放棄了去真正地理解凱撒。實際上，凱撒與亞歷山大大帝是幾乎相反的兩種類型，只有建立一個世界性帝國的想法能夠將他們連繫到一起。但這個想法並非亞歷山大大帝想出來的，而是來自於波斯人。亞歷山大大帝的形象以及其充滿聲望的過去勢必會將凱撒向東方推進，但凱撒對西方堅定的偏愛卻揭示出他與馬其頓人相異的決心。除此之外，凱撒的目標絕不僅僅是一個世界性的王國。他的目標更為深刻：他想要一個不是靠著羅馬本身，而是靠著其外圍省分而存在的羅馬帝國，這也就意味著城邦模式的徹底廢棄，在一個國家裡，多元化的民族之間通力合作，團結起來為國家盡忠。不存在某個令各外部地區必須臣服的、發號施令的中心，而是一個巨大的社會主體，身處其中的每一元

素都同時是國家主動的和被動的國民。這就是現代國家的前身，也是凱撒未來主義天賦創造出的驚人設想。

不過這一設想包含了一種超羅馬的、反貴族的力量，遠遠超過共和制寡頭政治的範圍，它凌駕於國家元首之上，使其淪為一隻小小的領頭羊。代表普遍民主的行政權力只可能是君主政體，其所在地位於羅馬之外。

共和制！君主制！歷史上這兩個詞不斷地變換著真實含義，因此，為了明確它們的實質，此時此刻我們需要對其含義加以分解。

凱撒信任的追隨者們以及他最忠誠的戰友，全都並非具有古老城邦思想的遺老遺少，他們是新興的人類，是精力充沛並且高效的外來個體。他最信任的臣子是大西洋人柯內留斯‧巴爾布斯（Cornelius Balbus），一位來自加地斯的商人。

但是，這幅關於一個新國家的藍圖過於超前，拉丁人遲鈍的思想顯然跟不上如此大幅度的跨越。城邦的幻影及其具體的唯物主義，令羅馬人無法「預見」政體的全新組織形式。國家怎麼可能由不生活於城邦之中的人構成呢？哪一種新型的聯合體能夠如此微妙、神祕呢？

因此我再次重複：被我們稱為國家的實體並非是在血緣紐帶的聯結下自發形成的。國家的形成開始於自然分隔的人們意識到他們不得不生活在一起。不過這種服從並非迫於殘酷獸

性的力量，而是出自強而有力的目標以及擺在分散人群面前的共同任務。更重要的是，國家是一項行動的計畫以及合作的程序。人們被號召到了一起，以便可以共同實現些什麼。國家既不是血緣關係，也不是語言學或領土意義上的集合體，更不是住所上的臨近。國家的本質並非物質的、惰性的、固有的以及有限的。它是一種純粹的活力——想要一起完成某項事業的願望，並且國家的概念因此而不受任何物理限制的束縛。

薩韋德拉‧法哈多（Saavedra Fajardo）設計的著名政治徽章有著極大的獨創性：一個箭頭，下面寫著一行字：「不升亦不降」。這就是國家。不是某個靜止的物體，而是一種運動。國家每時每刻都在送往迎來。就像每一種運動一樣，國家也有自己的終點和起點。在任何時候將一個國家的生活真正地剖開，都會發現在其中存在著一條共同生活的紐帶，有些似乎是建立在物質屬性的基礎之上，比如血緣、語言或者「自然邊界」。一種靜態的解釋會讓我們相信：那就是國家。但是我們很快就會注意到，該人類集體正在做著一些共同的事情——戰勝其他民族、開拓殖民地、與其他國家結成聯盟；也就是說，幾乎每一時刻它都在超越著構成其統一體的物質法則。這就是國家的起點和終點，其聯合的締結恰恰是對任何已有的聯合體的取而代之。當這種朝著更長遠發展的動力出現障礙的時候，國家自然就會垮掉，而此前存在著的，並且一度被視為國家物質基礎之紐帶的種族、語言、自然邊界等，變得毫無意義。國家徹底土崩瓦解了。

　　只有存在於每一時刻的兩面性 —— 已經存在的聯合以及正在結成的聯合 —— 才能使我們真正理解國家的本質。我們知道，至今對國家還沒有一個成功的定義能讓它適合於現代人的接受範疇。城邦是一個非常清晰的概念，直觀可見。但是在德國人和高盧人中興起的新型公共聯合體，亦即西方的政治靈感，是一個非常模糊且轉瞬即逝的東西。考據學家，也就是如今的歷史學家，在這一棘手的事實面前，幾乎感到與當年凱撒和塔西佗 (Tacitus) 試圖用羅馬術語闡述那些原始國家 —— 包括阿爾卑斯山以北、萊茵河以外或者西班牙 —— 的性質時一樣困惑。他們將其稱之為公民共同體、部落、民族等，但也意識到這些名稱均不適合。那不是公民共同體，最簡單的原因就是它們都不是城市。他們甚至無法用這個詞語去語意模糊地指代有限的領土，因為新生的民族總在無時無刻地更換著土地，或者至少可以說他們是在不斷地擴張或縮小自己所占據的地盤。他們中也無一是種族上的集合體 —— 即氏族、民族。無論我們把範圍向過去延伸到多久以前，構成已經出現的新興國家的種群之間均找不出什麼血緣關係，他們都是不同血統的組合。如果國家既不是血統的共同體，也不依附於領土，並且和任何此類因素都沒有關係，那麼，國家到底是什麼呢？

　　就像常見的那樣，對這個問題，簡單地接受現實能帶來解決的關鍵。但我們學習任何諸如法國、西班牙、德國之類「現代國家」的演化時，問題已經顯而易見，那就是：在某一時期國家

的組成要素將在此後的年代裡被一一否定。起初，國家就像是一個部落，而它旁邊的部落仍非國家；此後，國家由這兩個部落組成，逐漸發展成一區域，此後就是一個州、一個公國乃至一個王國之類的規模。一開始萊昂是國家，但卡斯提亞就不是；隨後，萊昂和卡斯提亞都成了國家，但阿拉貢不是。從而，兩項原則的存在變得顯而易見：首先是多變且不斷的迭代——部落、區域、公國、王國，同時它們的語言和方言也在隨之變化；其次是永久性，國家可以自由地跨越所有的邊界，並主張與第一項的完全對立面達成一致狀態。

考據學家們——這是我給如今自稱為「歷史學家」之人起的名字——往往不假思索地從我們轉瞬即逝的時代算起，也就是從此前的兩到三個世紀裡西方國家們的狀況開始，設想韋辛格托里克斯（Vercingetorix）如何建立起一個從聖馬洛到斯特拉斯堡的法國，或者熙德聯盟如何爭取到從菲尼斯特雷到直布羅陀的西班牙。這些考據學家——就像天真的劇作家一樣——幾乎總是將他們的考據對象想像成參加過三十年戰爭的英雄。為了向我們解釋法國和西班牙是如何形成的，他們設想在法國和西班牙誕生之前，其國民的靈魂深處就已經存在一個聯合的前體；就好像在法國和西班牙誕生之前就已經出現了法國人和西班牙人似的！換句話說，法國人和西班牙人不需要經過兩千多年的捶打就能憑空降臨！

顯而易見的事實是，現代國家僅僅是可變原則的當前表現，注定需要不斷迭代。當前這一國家原則並非基於血統或者語言，因為在法國或者西班牙，血統或語言的一致性是國家形成的結果而非原因；這條原則當下的基礎就是「自然邊界」。

對於一名老練的外交官而言，利用自然邊界這一概念作為其論證的利器是非常好的選擇。但是歷史學家卻不能將其作為避難所躲藏起來，彷彿它能充當永久的壁壘。實際上，它非但不可能永久，甚至連設定都不足夠明確。

嚴格地說，我們不要忘了問題究竟是什麼。我們正試圖找到我們如今稱之為國家的民族國家與其他形式的國家 —— 比如城市國家，又或者如奧古斯都（Augustus）建立的帝國那樣的另一種極端形式 —— 之間的區別是什麼 [34]。如果我們想把問題闡述得更清晰簡潔一點，那麼可以試試換種說法：在我們已知的國家中，比如法國、英國、西班牙、義大利或者德國等，究竟是什麼力量令數百萬人民在一種公共權威的統治下共同生活？

---

[34] 眾所周知，奧古斯都的帝國完全不同於他的養父凱撒所熱望建立的類型。奧古斯都採取的是龐貝（Pompey the Great）的路線，而後者正是凱撒的仇敵。到目前為止，關於這一主題最好的作品是 E‧邁耶（E. Meyer）的《凱撒君主制與龐貝公國》（*The Monarchy of Caesar and the Principate of Pompey,* 1918）。不過縱使它已經是最好的，但對我而言仍存在種種不足之處，這倒也不足為奇，因為如今具有淵博學養的歷史學家已經無跡可尋。邁耶的書闡述了與莫姆森（Mommsen）剛好相反的觀點，後者也是位相當了不起的歷史學家。雖然邁耶稱莫姆森筆下的凱撒過於理想化，被塑造成了一個超級英雄形象的說法自有其合理之處，但我相信莫姆森比邁耶更深刻地看到了凱撒的本質。這沒什麼可奇怪的，因為對於莫姆森而言，除了身為了不起的「考據學家」之外，他身上還有很重的未來主義色彩。一個人洞悉過去與展望未來的能力大致上是成正比的。

鑑於每一個聯合體中都充滿著各種異質性的血脈，顯然它們不同於此前靠血緣聯結的群落；但它們同樣也不是語言學上的集合體，因為如今生活在同一國家的不同民族曾經說著，或者說仍舊在說著各自不同的語言。他們如今享有的種族以及語言上的同質性 —— 如果能算得上是一種享有的話 —— 正是從前政治聯合體的結果。因此，非但血緣和語言沒有導致民族國家的誕生，反倒是民族國家令血緣和語言上的差異程度有所降低。在不同國家中出現的情況大抵都是如此。國家剛好與過去血緣和語言的聯合體相一致的情況極其罕見 —— 如果真的曾經存在過的話。這樣看來的話，西班牙作為一個民族國家，並不是因為舉國上下都講西班牙語 [35]。同樣的，阿拉貢和加泰隆尼亞也不是因為在某一時期他們的主權領土界限恰好與阿拉貢語和加泰隆尼亞語的分布相吻合，才被稱之為民族國家的。如果我們能調整自己遵循每一項現實都為我們判斷是非留出餘地的這種準則的話，我們應該能更傾向於接受如下推測，從而更接近事實：每一個語言學基礎上的結合體，無論擁有著何種程度的領地，幾乎都是過去政治統一形成的沉澱物。國家始終是位了不起的語言翻譯。

這一點其實在過去很長一段時間裡已經顯示得很清楚了，因此才令視血緣和語言為國家建立之基礎的固執己見顯得更為奇怪。

---

[35]　即使實際上所有的西班牙人都說西班牙語、英國人都說英語、德國人都說德語，情況也同樣如此。

　　對於這樣一種觀念，我認為忘恩負義和前後矛盾的成分幾乎一樣多。因為法國人將其真正的法國以及西班牙人將其真正的西班牙都歸功於原則 X，而正是在這個原則 X 的驅動下，原來基於血緣和語言建立起來的狹隘社會才得以被取代。由此看來，如今構成法國和西班牙的要素與過去令兩國成立的元素已經截然不同。當人們意識到血緣和語言都不足以作為支撐統一體的原則後，便出現了另外一種類似的錯誤觀點，即認為國家的理念產生自領土的形態以及「自然邊界」的地理學神祕主義。但「自然邊界」的概念同樣是我們正面對著的一種幻影。對實際情況的大膽猜測表明，我們所謂的國家，是透過對大陸廣袤的土地或者臨近的島嶼進行分割而建立起來的，並由此推斷其具有某種永久性和精神性的實際邊界。就像我們被告知的那樣，它們都是自然邊界，而正因為其具有的「自然屬性」，也就在一定程度上意味著神祕的陸地形式決定論。但是當我們轉而考慮到已經論證了國家並非起源於血緣和語言結盟的社群時，同樣的論證過程也會令上述神祕性失去效力。

　　再一次地，假如我們回首幾個世紀之前，就會發現法國和西班牙由於得天獨厚的「自然邊界」而分裂成諸多較小的國家。庇里牛斯山或阿爾卑斯山也許比其他任何構成邊界的山脈都更宏偉，萊茵河、英吉利海峽或者直布羅陀海峽也比其他所有造成隔離的水體更為可觀，但它們卻只能證明邊界的「自然屬性」之相

對性，一切仍主要取決於某一時期的經濟以及戰備資源狀況。

　　關於著名的「自然邊界」說，唯一的歷史真實性僅在於其構成了民族 A 向民族 B 擴張的障礙。對於民族 A 而言自然邊界是障礙——或對共同生活或對軍事行動構成障礙，所以站在民族 B 的角度，它就可以作為抵擋 A 的防禦工事。這麼看來，「自然邊界」的想法成立的前提是一種比邊界更為自然的東西，即民族擴張以及民族之間無限融合的可能性，而自然邊界不過是終止這一可能性的物質障礙。所以過去或者更遠古時代的邊界，在如今的我們看來非但不能構成法國或者西班牙建國的基礎，相反，它們是國家在統一的過程中所面臨的極大障礙。儘管如此，我們還是有必要試圖明確如今邊界的基本性質，哪怕運輸手段以及戰爭領域的新方法已經將它們過去作為障礙的有效性湮滅了。

　　既然邊界並沒有發揮積極的基礎作用，那麼它們在國家的形成中究竟扮演了怎樣的角色呢？答案顯而易見，並且在將民族國家與城市國家進行比較時，對於我們理解民族國家思想的真實含義至關重要。在任何一個階段，邊界的功能都是幫助鞏固當時已經締結的政治統一。因此，它們並不是國家形成的起點，恰恰相反，在形成的起點處它們毫無疑問是作為障礙存在的，但在此後國家一旦成立，它們又轉而成為了加強團結的物質手段。

　　確實是這樣的，種族以及語言也在其中扮演著同樣的角色。與其說是這種自然的群集構成了國家，倒不如說是國家本身在其朝著統一的努力過程中受到眾多種族和語言的反對，被它們構成的障礙所阻撓。當所有這些都被積極地克服之後，當終於實現了種族和語言的相對統一後，國家便繼而得到了以上二者的鞏固和支持。

　　其實上述說來也沒什麼特別的，不過就是打消了我們將三種因素與國家成立連繫在一起的錯誤的傳統觀念，並接受一個新的事實：我們原本以為的組成要素，實際上恰恰是國家在成立初期遇到的根本障礙。（當然了，在打消錯誤觀念的過程中，現在看來我倒成了犧牲品。）

　　我們必須令思想專注於民族國家概念最獨特的靈感、為其獨有的政策，從中探尋其奧祕，而非倚仗那些無甚關聯的原則，比如生物學或者地理學的特性。

　　既然如此，那麼人們為什麼還會在試圖理解現代國家的實質這一重大問題時去求助於種族、語言或者領土呢？純粹因為於其中我們發現了在個體與公共權力之間根深蒂固的親密與團結，而古代國家對此卻是缺乏感知的。在希臘和羅馬，國家只包含少數個體：其餘的人 —— 包括奴隸、同盟者、鄉下人和殖民地居民等 —— 僅僅都是臣民。但是在英國、法國、西班牙，卻沒有任何人僅僅被視作國家的臣子，他們從始至終都享受著

國家的參與者、合夥人的身分。

　　不同時期在國家中以及國家間的聯盟所採取的形式差異極大，尤其是司法形式。儘管在社會等級和個人地位上存在很大的區分，一些階級相對享有特權，而另一些則沒有；但如果我們試著去解讀每一時期政治生活的真實情況並體驗其精神的話，就會發現每個人都感到自己是國家積極的臣民、參與者以及合作者。

　　無論採取怎樣的形式，國家從來都是 —— 遠古、古代、中世紀、現代 —— 由一小群人向其他人類集體發出邀請，以共同完成某項事業。

　　所謂事業，很可能存在著種種中間階段，但從長遠來看卻包含在了某種共同生活的組織中。國家和共同生活的計畫、人類活動或行為的規劃，都是不可分割的術語。國家在促使集體結成聯盟的不同方式下建立起各自的類型。從這個角度來看，古代的國家從來沒能成功實現彼此間的融合。羅馬統治著義大利人以及鄉下居民，對他們進行教育，但是卻沒能讓他們與自己團結起來。即使在城市中，也沒能實現市民在政治上的融合。更不要忘了在共和政體下的羅馬從嚴格意義上來講，其實是兩個羅馬：元老院和平民。國家的統一並沒有超越在不同集體之間建立簡單的連結，因而彼此之間依舊隔閡而陌生。也正因如此，當帝國面對威脅時就無從倚仗不同集體的愛國主義精神，並且不得不透過管理

和戰爭的官僚措施進行聊勝於無的防禦。

　　每一個希臘以及羅馬集體之所以沒能與其他集體實現融合都有著深厚的淵源，對此本書並不便展開敘述，但可以用一句話簡單概括：古代世界的人們以一種簡單的、基本的方式去理解國家不可避免的統一，即統治與被統治的二元性[36]。也就是說，羅馬理所當然要去統治而不是服從；其他人則自然而然應該服從而非統治。如此一來，國家在圍牆之內，在由城牆所限制的城市之內被物質化了。

　　但是，新興民族以一種相對不那麼物理性的方式來解讀國家。鑑於國家是關於共同事業的計畫，它的現實就理應是純粹動態的，總有某些事情需要去做，整個集體都處在行動狀態中。從這個觀點來看，每個人都構成了國家的一部分，都是一個為該事業貢獻力量的政治主體；民族、血統、地理位置、社會階級等種種因素都退居二線。已經不再是過去那種傳統的、古老的集體——換句話說就是命中注定的、不可變更的集體——使政治夥伴關係得以命名，而是有著明確行動計劃的未來集體。不再是過去的狀態，而是要創造的未來，將我們與國家緊緊連繫到一起。因此，西方政治統一體輕鬆地踰越了幽禁

---

[36]　這一點已經由乍看似乎處於相反立場的事實所證明：所有的帝國居民都被授以公民權利。該事實證明，這恰恰是伴隨著公民權利中政治地位這一特徵的喪失，逐漸變成一種負擔並完全服務於國家，或僅作為民法中一個有名無實的條目後，統治者所做出的讓步。在一個將奴隸制當成原則予以接受的國家裡，還有什麼值得期待的呢？或者換句話說，奴隸制對於我們的「國家」不過是一個遺留的事實。

過去國家的種種限制。與古人類相反，歐洲人表現出面向未來之人的面貌，清醒地活在未來之中，並從未來的角度決定當下所採取的行動。

這樣的政治傾向無疑會促進國家朝著更豐裕的統一體發展，原則上來講，沒有什麼能夠阻擋這一進程。融合的能力是無限的──並非僅限於個人民族之間的融合，還包括更具民族國家意味的融合：在同一政體下所有社會階級的融合。與國家在領土以及人種方面的擴張相應地，內在的融合也變得越來越密切。民族國家的本質是民主的，因此在某種意義上來講，要比其他不同的政府形式間的差異更具決定性。

當以傳統的社群為基礎來定義國家的時候，就會發現一個很有趣的現象，人們總是會將法國哲學家勒南（Renan）的準則作為最佳接受下來，僅僅因為其中除血統、語言與共同傳統等屬性之外，新增了被稱之為「日常平民表決」的新元素。但是，該名詞的含義真的被理解清楚了嗎？我們現在能否賦予它一個與勒南所提出的全然不同，但更貼近其本源的含義呢？

8

「在過去享有共同的榮譽，對未來抱有共同的期待；一起完成了不起的事業，一起孕育更大的夢想，這就是構成民族的最基本條件……從過去，繼承一筆榮譽與悔恨的遺產；在未來，

承擔並實現同一張藍圖……國家的存在就是一場日常公民表決。」這就是勒南關於國家做出的著名定義。

我們該如何去解釋它超乎尋常的成功之處？毫無疑問，要歸功於最後一個分句中優雅的轉折。國家基於「日常公民表決」的設想具有令我們感到自由的效果。血統、語言以及共有的歷史都是一種靜態的原則，僵化並且惰性，缺陷足以致命；它們彷彿就是牢籠。

如果國家除此之外一無所有的話，那我們就應該將其拋之於腦後，不再為此費心。倘若國家成為了一種既定存在，而不再關乎人類的創造與活動，那麼當其遭到進攻的時候，人類甚至都沒有必要再予以捍衛。

無論我們願意承認與否，人類生活始終都被未來所占有。

在任一確定的當下時刻，我們都心繫隨之而至的下一刻。因此，活著總是一連串馬不停蹄、連綿不斷的活動。為什麼沒人意識到，所有的活動都是在試圖令屬於未來的事物得以實現呢？這其中當然也包括了我們對待回憶的態度。我們在當下時分勾起某段回憶，是為了對接踵而至的下一刻構成影響，而這甚至就是重溫過去的唯一快樂之處。前一時刻羞怯隱祕地呈現給我們的快樂以令人期待的未來的形式照進現實，因此我們「對往日種種展開的回憶」實際上正是親手創造出來的。

讓我們說得更清楚一點，過去對人沒有任何意義，除非它

能夠指向未來。[37]

　　如果國家僅僅包含過去和現在，那麼也就不會有人在其遭遇攻擊之際站出來抵抗。對此持相反觀點的人不是偽君子就是神經病。真正的現實是，國家對未來的吸引力正是由過去折射出來的 —— 無論是現實的還是想像中的未來。而在那個未來，我們國家的存續似乎變得更令人稱心如意。這才是動員我們採取抵抗措施的根本原因，而非出於血統、語言或是共同的過去。在捍衛國家的過程中，我們同時捍衛了自己的未來，而非我們的過去。

　　以上才是我們應該從勒南的定義中得到的迴響：國家是一幅華美的藍圖，其未來由公民投票決定。在這種情況下，未來

---

[37]　從這個角度來看，人類有一套不可避免的未來主義體制；也就是說，人類從根本上來講是生存於未來，並為未來而生的。儘管如此，當我們將古代歐洲人與現代歐洲人進行對比時，還是認為前者將大門對未來緊鎖，而後者則持更開放的態度。因此，兩者在態度上呈現出顯而易見的矛盾，但當我們意識到人類是一種具有兩重性的動物時，問題就會迎刃而解：一方面，他就是他的真實自我；另一方面，他又是他所有想法的總和，這些想法與其真實自我之間存在或多或少的一致性。很顯然，我們的想法、偏好、願望等都不能宣告我們的真實自我無效，但是卻會令其複雜化，並且還會對其加以更改。古代人和現代人都在關心著各自的未來，但古代人將未來訴諸過去的政體，而現代人卻為未來以及新鮮事物保留了更高的自由度。這其中的對立性並非存在於意義層面上，而是對於偏好而言，也就讓我們有充分的理由將現代人視為未來主義者，而古代人則遵從「擬古主義」(archaiser)。頗具啟示性的事實是，直到歐洲人開始將其時代稱之為「現代時期」，他們才真正覺醒，並對自己的存在有所掌控。就像眾所周知的那樣，「現代」意味著嶄新的事物，從而也就否定了過去的慣例。從 14 世紀末起，人們就已經將關注的重點放在了現代化上，尤其是那些最能敏銳地捕捉到時代動態的問題。舉個例子來說，「現代虔信派」(devotio moderna) 作為「神祕主義神學」(mystical theology) 的先行者就是這樣。

存在於過去的延續之中這一事實絲毫沒有改變問題的本質；它僅僅暗示出勒南的定義實際上也是有所欠缺的。

所以，民族國家代表著的原則，相對於由血統所限定的古老城邦或者阿拉伯式的「部落」而言更接近於純粹國家的概念。實際上，民族國家觀點保留了許多對於歷史、土壤以及種族的眷戀；但也正是由於這個原因，觀察到以一個誘人的生存計畫為基礎實現人類團結的精神原則如何總能在國家中占據重要地位，是一件非常令人驚訝的事情。更重要的是，我想說在西方的靈魂中無論過去還是現在都沒有完全自發地產生出諸如「過去的壓艙物」、「物質原則的相對限制」等概念；倒不如說它們源自浪漫主義者對於國家概念做出的博學解讀。

如果 19 世紀的國家概念出現在中世紀，那麼英國、法國、西班牙和德國可能永遠也不會誕生了。[38] 這種說法會構成一定的混亂，令人混淆什麼是一個國家成立的動因以及構成元素，而什麼只是為了鞏固和延續其存在的要素。讓我們一勞永逸地把它解決掉吧 —— 國家並非誕生自愛國主義精神。與此相反的觀點在我看來即可算得天真幼稚，而勒南在他著名的定義中卻承認了相反的觀點。

如果說為了一個國家的成立，必須要求某一集體的人有能夠回顧的共同過去，那麼我就要問自己了，我們要如何去定

---

[38]　從年代順序來看，國家原則是出現在 18 世紀的浪漫主義最初的徵兆。

義同一群人如今正生活在一起的實際狀態呢？這個當下的時代很快也會變成過去。很顯然，為了讓他們說出「我們是一個國家」的宣言，這種共同的生活就必須消亡。我們不難看出來，所有考據學家、文獻研究者團體的職業眼光都存在某種缺陷，使得他們無從認識除了過去以外的現實。為了成就考據學家的身分，首先必須有過去的存在，但國家卻不是這樣的。截然相反，在擁有一個共同的歷史之前，國家首先需要建立出一種共同的生活；而在建立出來之前，又必須先要有關於它的夢想、願望和計畫。對於一個國家的誕生而言，擁有未來的預期已經足夠，哪怕這個預期實現不了，甚至就像在歷史上反覆出現過的那樣以破產告終也無妨。在此，我們可以舉勃艮第的例子來講講建國如何因不識時務而被迫中止。

西班牙與生活在美洲中部和南部的各民族有著一段共同的歷史，存在著共同的語言和種族，但是卻沒能與這些民族形成一個國家，為什麼會這樣？據我們所知，是因為其中缺少了一個元素，一個非常關鍵的要素：共同的未來。對於那些生物學上存在連繫的集體，西班牙還不知道如何透過創造出一個關於未來的集體主義規劃來對他們造成足夠的吸引力。透過投票表決來決定西班牙的未來是行不通的，因此檔案、記憶、祖先、「祖國」等對他們而言全部無濟於事。這些先前的存在僅僅提供

著鞏固性的力量，但除此之外再無他用。[39]

不過我已經看到，民族國家的歷史結構在本質上具有公民投票表決的特質。所有表現出來似乎與此相背離的一切，都是稍縱即逝、不斷變換中的，它們僅代表著公民投票所要求的形式。勒南創造了這個充滿魔力的詞彙，為它接通電源，令它像一束陰極射線般幫助我們直接洞穿一個國家最深層次的脈絡，發現那由以下兩部分元素構成：首先，以一項共同的事業為基礎對共同生活做出的計畫；其次，那項有吸引力的事業給人們之間帶來的黏著力。普遍的黏著力會引發內在的團結，使得民族國家與古代國家區分開來，此時聯盟的產生以及維持並非來自於敵對族群施加於國家之上的外部壓力，而在於國家自「國民」內部自發形成的深層凝聚力。事實上，國民此時就是國家本身，他們不再認為國家與自己沒有任何關聯 —— 這正是國家不可思議的新特徵。

然而勒南險些毀了其定義所取得的成功，因為他視公民投票為一個回顧性的元素，認為一個已經成立的國家之存續正依賴於選舉之上。我更傾向於改變這一定義的使用方向，令其在國家的萌芽階段便具有正當性。這將是具有決定性意義的一點改動，因為事實上民族國家永遠不可能真正徹底形成，這一特

---

[39] 我們如今正準備像在實驗室裡一樣，協助完成一項重大且具有決定性意義的實驗專案：我們將要觀察英國是否能夠透過其帝國的不同部分提供一個誘人的生存計畫，成功地維持共同生活中的主權統一。

徵恰恰構成了它與其他類型國家之間的差異。國家不是正在建設中，就是處於行將毀滅的程序裡。永遠不可能出現第三種狀態。國家要麼贏得了擁護者，要麼就在失去民心，而究竟是哪一種則取決於在某一特定時期裡，國家是否代表了一項充滿生機的事業。

因此，此刻最有啟發性的就是去回顧一系列曾成功地贏得了西方人熱情的統一大業。從中我們能夠看到，無論是公共生活中，還是最私人的關注領域裡，歐洲人鬥志的激發都依賴於此。是否可以預見一項重大事業決定了他們是處於時刻準備著的狀態，還是陷入徹底的鬆弛之中。

這樣的研究還清楚地展示出了另外一種觀點。古人的國家事業並不意味著在其發起集體之間存在著緊密的黏著力，正因如此，所謂的國家總是受到致命的限制 —— 由部落或城市構成的限制，但這項事業就其本身實踐而言卻幾乎是無限的。任何一個民族 —— 無論是波斯、馬其頓還是羅馬 —— 都有可能成為囊括這顆星球上任何部分的一個主權統一體。但這樣的統一體本身並不是一個內在的、最終的存在，因為它只是服務於軍隊和統治者的管理效率的產物。在西方國家的統一過程中，必然要經歷一系列不可避免的階段。在歐洲從未有過任何帝國在疆域上達到足以與波斯人、亞歷山大大帝和奧古斯都大帝所打造之帝國相媲美的程度，對此我們應該感到更為困惑才對。

歐洲民族國家的創造過程整體遵循著以下節奏：

第一步 —— 西方特有的直覺使得人們感覺到國家是不同民族在政治和道德生活的統一中實現的融合，最初起始於在地理、種族以及語言上最接近的集體中間。並不是說種種相似性構成了國家的基礎，而是因為相鄰集體之間的多樣性最容易被克服。

第二步 —— 此為必經的一段鞏固時期，在此期間新國家之外的民族通通被視為異端，在一定程度上構成了敵對勢力。人們在國家形成的過程中採取了排他性的態度，將自己閉鎖在國家之內；換句話說，就是他們表現出了如今所說的國家主義。但事實上，儘管他者在政治上被視為陌生人和敵手，但彼此之間在經濟、文化以及道德方面卻依然建立起連繫。民族戰爭有助於平衡技術和心理層面上的差異，傳統上的敵人逐漸在歷史的演進過程中變成了同類，敵對民族和自己的國家同樣屬於人類集合的意識開始浮現出來。但儘管如此，他們仍然是置於己方對立面的外方和敵方。

第三步 —— 國家開始享受充分統一帶來的成就。於是，新的事業誕生了：團結那些昔日被視為敵人的民族。人們越來越相信，敵對民族在道德以及利益上與自己相似，具備形成一個國家性集體的可能性，從而共同對抗其他那些更疏遠、更陌生的集體。至此，嶄新的國家觀念已經日臻完滿。

舉個例子讓我的論述更容易理解一些。人們習慣於斷言早在熙德時期，西班牙就已經具有國家意義。為了讓這一理論更有分量，還有人補充說早在幾個世紀以前，聖依西多祿（St. Isidore）就已經提到了「西班牙，我的母親」的概念。在我看來，這是在歷史觀點上犯下的非常幼稚的錯誤。在熙德時期，萊昂──卡斯提亞國家正處在形成過程中，兩者之間的融合才是那個時代的國家觀點，是當時具有政治有效性的觀點。而另一方面，「西班牙」是當時主要為博學者所使用的概念，是羅馬帝國在西方傳播的諸多富有成果的概念之一。作為帝國後期的一個教區，「西班牙人」已經習慣於以行政統一的方式與羅馬建立起連繫。但是，這種地理──行政上的概念只是一種對外部事物的接受，而非來自於內部的靈感，更無論如何都談不上對未來有什麼渴望。

　　無論 11 世紀的人們多麼希望這一想法成為現實，我們都要了解到它甚至達不到希臘人在 4 世紀時所持觀念的那種活力與精確性，儘管希臘從來不是一個真正的國家概念。或許更恰當的歷史比喻應該是：希臘國家觀之於 4 世紀時的希臘人、西班牙國家觀之於 11 世紀乃至 14 世紀的「西班牙人」，就像歐洲觀之於 19 世紀的「歐洲人」。

　　從中我們得以看到，實現國家統一的努力是怎樣如同一段旋律般朝著它們的目標一路奏響。哪怕僅是昨日的趨勢也必須

等到明天，才能得以在國家靈感的最終流露中變得具體化。但從另外的角度來講，我們幾乎可以肯定這樣的時代終將到來。

對如今的歐洲人而言，歐洲能夠轉化為國家觀點的時代已經到來。而和 11 世紀關於西班牙統一的預言相比起來，對此持有信念並不顯得過於空想主義。西方民族國家對於其真正的靈感越忠誠，就越有可能最終自我成就為一個幅員遼闊的超級歐陸國家。

9

當西方國家開始建立的時候，歐洲幾乎就在其內部和周圍充當一種背景性的實際存在。這是自文藝復興開始以來歐洲所呈現出的統一局面，歐洲的這一背景是由各個國家本身組成的。雖然各個國家對此一無所知，但已經逐漸從好戰的大多數中撤離出來。法國、英國、西班牙、義大利、德國之間雖然鬥爭不斷，形成各種對立的聯盟後又持續不斷地再打破再更新。但所有這一切，無論戰爭也好、和平也罷，都代表了一種互相之間平等共存的態度，是羅馬人無論在和平時期還是戰爭年代都沒能與伊比利人、高盧人、不列顛人或者日耳曼人之間所達成的關係。歷史已經將衝突 ── 亦即一般意義上的政治 ── 突顯到了時代的前景之中，那很難成為統一的種子得以萌發的土壤；不過，當戰場上正激烈交戰的同時，還有一眾其他領域

裡正與敵人展開著貿易往來，交換著思想觀點、藝術形式以及宗教信仰。有人也許會說，鬥爭衝突只是一塊帷幕，大幕後面和平正緊鑼密鼓地準備登臺，將敵對國家中的生命交織在一起。新生的每一代都開始擁有越來越相似的靈魂。為了論述得更為準確和嚴謹，我們或許可以這樣認為：法國人、英國人和西班牙人的靈魂此刻以及未來都將存在各種人們所能想到的差異，但是卻擁有共同的心理結構；其中最重要的，是它們在社會事業的各項內容上也在不斷趨同。宗教、科學、法律、藝術、社會以及情感價值取向都開始趨於相似，而正是這些構成了人們賴以生存的精神必需品。因此，同質性達到了空前高度，甚至超越了用同一個模子澆鑄出所有靈魂的程度。

　　如果對我們如今的精神儲備——包括觀念、標準、願景、設想等——列一個詳細目錄的話，就會發現其中不是法國人的精神儲備得自法國、西班牙人的精神儲備得自西班牙，而是很大一部分都來自歐洲的共同遺產。事實上，如今我們受到的影響更多來自於歐洲，而不僅僅局限於法國、西班牙或者某一國家對我們各自造成的影響。如果我們在想像中做一個將自己的生活限制於「國家」之中的實驗，將所行、所思和所感中一切來自於歐洲大陸其他國家影響的地方通通剝離的話，結果就會令人感到異常恐懼。我們發現僅靠自己根本無法存活下去；我們精神財富中近五分之四都繼承自整個歐洲的共同遺產。

第十四章　誰統治著世界？

　　對於當下我們這些歐洲人最緊要的使命，就是去履行在過去四個世紀裡「歐洲」一詞所蘊含的希望和價值。任何對此的反對態度都是基於舊「民族國家」觀念的偏見，也就是以過去為基礎的國家觀念。我們很快就能做出判斷，歐洲人在創造歷史的過程中是否身為堅持扭臉朝向過去的羅得（Lot）之妻的後裔。我們上文中對羅馬以及一般意義上的古代世界之人的討論為我們敲響了警鐘；對於某一特定類型的人而言，想要讓他們摒棄一度占據其頭腦的國家觀點是極為困難的挑戰。不過值得慶幸的是，無論有意與否，民族國家的觀點是歐洲人自己創造出來的，並非得自考據學家對他們進行的迂腐說教。

　　至此，我也就可以總結本書的論點了。當前的世界正遭受著嚴重的道德頹廢，在種種跡象之中，尤其以大眾的反叛最具代表性。大眾的反叛之根源恰恰在於歐洲的衰落，對此，形成的原因多種多樣。其中很重要的一點在於，過去我們的大陸對世界上其他部分以及對其自身掌握的權力被動搖了，歐洲難以確定自己是否依舊擁有統治權，又或者是否已經被世界的其他部分所統治。歷史的主權發現自己正處於分崩離析的狀態之中。

　　已經不會再有「極大豐富的時代」了，因為這暗示著一個清晰的、預設好的、明確的未來，就像 19 世紀假想過的那樣。基於這種假象，人們認為自己對於明天將要發生什麼瞭如指掌。但是再一次地，因為不知道世界將由誰來統治，以及權威將如

何被組建，地平線向著嶄新的未知方向鋪展開來。不知道將由誰 —— 或者說由哪個民族或者民族團體來統治這個世界；進而意味著不確定是哪一種族、意識形態，以及偏好、標準和生機盎然的運動體系來指引未來世界。

　　沒有人知道答案，沒有人知道人類的核心事物在不遠的未來將受到何種牽引，於是地球上的生命呈現出過分轉瞬即逝的特性。如今人們所做的每件事，無論是在公共還是私人領域 —— 在他們的內在意識 —— 中完成，都顯得極為短促，唯一的例外大概只有某些學科中的特定領域了。對於當前人們公告、支持、嘗試和讚美的每一件事情持懷疑態度者，才是真正充滿智慧之人。因為所有一切來也匆匆去也匆匆。種種事物，從對體育運動的狂熱（指的是狂熱，而非運動本身）到政治上的暴力；從「新藝術」到在風格愚蠢的礦泉療養地進行日光浴，無一倖免。沒有哪件新鮮事物是帶有根基的；都是憑空發明出來的產物，用不好聽的話來講就是幾乎等同於心血來潮的胡思亂想。它們並不是有著扎實生活基礎的創造，自然也就無法代表真正的衝動或者需求。也就是說，從生活的角度來看，它們通通都是虛假的。我們當下過著一種自相矛盾的生活，一方面培養了真誠，但同時卻實踐著欺詐。只有當我們感到生活具有不可改變的必要性時，真理才會存在。然而，如今卻沒有哪些政客感到自己的政策具有必然性與必要性，他們的態度越是極

端，他們的行為便越是輕率，也就越來越不會為命運所鼓舞。唯一扎根於土地之上的生活，唯一原地發生的本真生活，必然是由不可阻擋之行動構成的。其他所有的一切，那些我們可以選取、背離或者拿去交換其他事物的東西，都僅僅是一種對真實生活的偽造。

今天的生活是過渡時期結出的果實，誕生於過去和未來兩種歷史規則之間形成的真空地帶 —— 那是它過去的模樣，那也將是它在未來的樣子。由此可見，當下的生活從本質上來講是暫時性的，使得男人們不知道什麼樣的社會制度真正值得去效力；女人們也不清楚究竟哪種類型的男人真正值得交付真心。

除非開啟一番偉大的統一事業，否則歐洲人感到簡直活不下去。當事業缺席的時候，他們就會感到自己在退化，變得懈怠，靈魂也逐漸開始麻痺。在我們今天親眼目睹之前，一切便早已有了開端。直到今天終於以國家的身分為人所知的集體，在一個世紀之前就已經達到了擴張的巔峰。歐洲人已經無法可想，除非領導著他們向更高層次演化。當下的歐洲人不過是在大陸各處聚集，令歐洲飽受其累，舉步維艱。儘管與以往相比，我們擁有了更多元氣滿滿的自由，然而卻感到在自己的國家內簡直無法呼吸，因為到處都是凝滯的空氣。一個曾向八面來風張開懷抱的國家如今卻淪為一個局促、封閉的所在。

每個人都已經看出需要一種新的生活秩序。但就像一般在

類似的危機中會發生的那樣，有些飢不擇食之人用以拯救當下局面的原則，最終因其早已過時而導致衰敗的加劇。這就是近些年來爆發的「民族主義浪潮」的全部含義。另外，我還要再次強調，這是事情發展的必然走向。最後出現的光芒，才是最持久的；最後發出的一聲嘆息，才是最深重的。直到在行將消失的前夕，邊界線 —— 無論在軍事還是經濟方面 —— 才會不斷加強和突顯出來。

但這些民族主義都是一條條盡頭堵死的小徑，如果我們希望有哪條能延伸到遠方，讓我們看看未來到底是什麼光景，就會因它們都是沒有出口的而無比失望。民族主義向來與國家建立的方向方針背道而馳。從趨勢上來看，民族主義是排外的，而國家原則卻兼容並蓄。雖然在國家的鞏固時期，民族主義具有一定積極的價值，並且可視為一種高階的標準。但是在當前的歐洲，發生的一切早已不再是為了鞏固那麼簡單，因此民族主義除了造成一陣狂熱，構成從嶄新創造和偉大事業的必然性中逃離出來的藉口外再無他用。民族主義原初的行動方法以及所激發的人物類型，充分暴露出其正是創造歷史之反義詞的本質。

只有想將歐洲大陸不同民族聯合成一個偉大國家的決心才能激發歐洲新生的脈動。唯有如此，她才能重拾對自己的信心，自發地去對自己提出要求，訓誡自我。

　　不過，實際情況要比通常意識到的更加困難。現在的狀態已經持續了好幾年，有相當可能歐洲已經習慣於當下低標準的生存狀態，既無法再去統治別人，對管理自己也無能為力。在這種情況下，歐洲人所有的美德以及高素養都將煙消雲散。

　　就像在形成國家的過程中經常出現的那樣，保守派對於歐洲的聯合持反對態度。但他們的負隅反抗很可能意味著毀滅，因為歐洲正無可避免地走向衰落。而在歐洲明顯變得消沉、失去其歷史力量的危機之上，又新添了另一重更具體、更迫在眉睫的情況。

　　當共產主義在俄國取得勝利後，便有相當一部分人認為整個西方國家都應該匯入這片紅流之中。我並不贊成這種觀點；相反，在當時我曾專門撰文指出俄國模式其本質並不適合歐洲，那是一種在歷史上將努力與精力全部投入到個人主義規模中的體制。隨著時間的不斷流逝，那些曾經充滿恐懼的人們漸漸恢復了平靜。他們恰恰是在最有理由驚慌失措的時候重新找回了平靜。因為如今剛好是志得意滿、高唱凱歌的俄國模式可能席捲整個歐洲的時代。

　　在我看來情況就是如此。現在，就像不久之前，俄國人的信條並沒有吸引或者引起歐洲人的興趣。真正的原因在於沒能讓他們從中看到誘人的未來，而不是因為俄國模式的倡導者 —— 頑固且對事實不予理會的陌生人 —— 習慣於發表宣言

等瑣碎理由。西方資產階級很清楚地意識到，即使沒有共產主義，人們僅僅只靠收入生存，再將其傳給子孫後代的生活已經時日無多。但並不是因此歐洲人才得以對俄國人的教條免疫，也不是出於恐懼。二十年前法國社會學家索雷爾（Sorel）建立在專制上的暴力策略如今在我們看來十足愚蠢。不同於索雷爾所想，資產階級並不是懦夫，到了緊要關頭他們甚至比工人階級更傾向於使用暴力。每個人都很清楚，布爾什維克主義之所以能在俄國取得勝利，那是因為俄國沒有強大的資產階級力量。作為規模較小的資產階級運動，法西斯主義顯示出的暴力程度遠勝過所有工人運動的總和。而上述所有還都不是阻止歐洲人將自己擲入俄國浪潮的原因，實際上更簡單的原因在於，歐洲人並沒有在俄國人的組織中看到人類幸福指數的提高。

不過我還是要強調，歐洲似乎很有可能在未來幾年裡對俄國人的模式爆發出強烈的熱情。倒並非由於模式本身，甚至連它到底是什麼都無所謂。

想像一下吧，蘇聯政府花大力氣展開的「五年計畫」不僅滿足了各界期望，還讓俄國的經濟狀況在得到修復之餘有了更顯著的發展。無論蘇聯主義的內容究竟是什麼，它都代表了人類一項巨大的事業。在這項事業中，每個人都懷有堅定的改革理想，並且在此番信念的灌輸下，過著遵守紀律的緊張生活。如果向來對人類熱情置之不理的自然力量沒有挫敗他們的嘗試，

而是給了他們自由發揮的餘地，那麼強而有力的事業將會以其迷人的特性點亮整片歐洲大陸，彷彿嶄新而絢爛的星群。同時，如果歐洲繼續堅持近些年來無所作為的庸常生活的話，它的肌肉就會因為缺乏訓練而變得鬆弛，而如果沒有對新生活的計畫，又怎麼能抵擋得住如此令人驚駭的紅色事業浸潤式的衝擊呢？

以為在聽到關於新行動的召喚後會無動於衷實在是對歐洲人的誤解，尤其是當他們缺乏一個可以作為抗衡的事業標準的時候。為了賜予其生命意義，他們很有可能吞下所有對俄國模式的反對，雖然感到自己並非為蘇聯的信仰本質而傾心，但是卻被它所呈現出的行動熱情所感染。

在我看來，唯一能與「五年計畫」的勝利相抗衡的事業，就是整個歐洲形成一個巨大的民族國家。政治經濟學專家向我們聲稱，俄國人的經濟計畫幾乎不可能取得勝利。但是如果反對者將一切希望都寄託在對手遇到的物質困難上的話，那麼這實在羞恥莫名。俄國人的失敗也就相當於當代人實際生產中的普遍挫敗。

俄國人的主義是一種過渡的道德法典，但除此之外也就什麼都不是了。難道它看上去比斯拉夫人的法則 —— 一種全新的歐洲法典、一種直指嶄新生活規劃的靈感 —— 更有價值、更富有成效嗎？

第十五章　面對真正的問題

所謂真正的問題就是：道德準則在歐洲的完全缺失。並不是說大眾人遺棄了舊有的陳規，以一套全新的準則取而代之，而是在其生命規劃的核心位置上，恰恰就沒準備遵循任何道德準則而活。當你聽到現在的年輕人就「新道德」展開討論的時候，千萬別往心裡去。我絕對否認在當今歐洲大陸的任何一個角落裡存在著被新的道德精神所激勵的群體，正是從那種精神中透出道德準則的新風向。當人們談論「新道德」的時候，他們不過是在表現又一種不道德，尋找著走私物品的新途徑。[40] 因此，以缺乏道德准則而對當下的人們提出控訴是非常坦率的。他們可能會對此冷若冰霜，或者不如說，感到受寵若驚。非道德主義成為了一種普遍現象，每個人都因對其的親身實踐而沾沾自喜。

如果我們像這篇文章一樣對問題不再繼續追究，那麼就意味著在當前這一時期作為代表的集體中，將再也找不到與過去的基督教、理想主義者、古典自由主義者集體類似的榮光，進而也就沒有哪個集體對生活的態度會不局限於深信可以擁有一切權利且不必履行任何義務。將自己偽裝成保守派或者革命

---

[40]　我猜在散落世界各處的人群中，能意識到某天將會有一種新的道德法典萌芽的人數不會超過兩打。僅憑這一點，這些人在當前時代便可謂最不具有代表性。

派、表現得積極或者消極都無甚差別，在經歷過三兩曲折之後，真正具有決定性的是人們的思想狀態必將趨向無視義務並自我感覺良好，自視擁有無限權益，而對於緣何如此則缺少哪怕最輕微的考慮。

這樣的靈魂無論為哪一種存在所擁有，其產生的結果都是一樣的，並且都會淪為不遵守任何具體道德目標的藉口。如果呈現出的是保守派或反自由主義的傾向，那麼出於拯救國家的目的就會打擊其他一切標準，凌駕於其鄰邦之上，尤其是當該鄰邦擁有某些傑出屬性的時候。但是，如果決定採取革命派的行動，結果也同樣大同小異：對體力勞動者、受壓迫者或社會公平展現出的表面熱情——比如禮貌、坦率，以及最重要的一點，對優秀個人的尊重或敬意——成為了掩飾其拒絕履行一切義務的面具。我了解到有相當一部分人都加入了種種工人組織之類的團體，只是為了給自己找到輕視智慧、免於承擔任何責任的權利。至於其他形式的專政，我們已經看到了太多它們諂媚大眾人的行徑，無非是透過大肆踐踏一切超越普通水準的事物。

這種對義務的迴避在一定程度上解釋了在我們的時代出現的所謂「青年宣言」的現象，可謂既荒謬又可恥，恐怕我們的時代再造就不出比這更可笑的景象了。人們以一種非常滑稽的方式稱自己為「年輕人」，因為他們聽說對於年輕人而言，享有的

權利遠多於應盡的義務，而他們可以用成熟期未至敷衍對責任義務的履行。同樣，像這樣的年輕人還總是被視為擁有承擔或完成重要任務的豁免權，他們可以完全靠著透支的方式生活。在某種程度上，那是錯誤的權利，是年輕不再者半諷刺、半感情用事地向年輕後輩做出的讓步。但是當下令人吃驚的是，人們竟將此當作一項天賦的權利，以此為自己索要其他一切本應屬於有所貢獻之人的權利。

或許看來有些難以置信，但「年輕」確確實實已經成為了一種敲詐手段；事實上，我們正生活在一個透過兩種互為補充的手段 —— 暴力和嘲弄 —— 使敲詐變得可行的時代。無論採取哪種手段，其目的永遠只有一個：下等人，或者說大眾人，要讓自己完全擺脫對卓越者應有的謙恭。

將當前的危機粉飾為兩種道德、兩種文明 —— 一個在腐朽，而另一個即將破曉 —— 之間的衝突並不會增加任何的尊嚴感。大眾人完全缺乏道德，或者從本質上來講，他們缺少一種服從的情感以及服務或履行義務的意識。但也許說是「完全缺乏」就已經犯下了大錯，因為這已經不只是一個某種類型的生物在做事時毫無道德可言的問題。不是這樣的，我們不能將他們的問題簡單化。道德不可能在不受任何阻礙的情況下被簡單地一筆帶過。用一個甚至在語言學上不成立的詞語來講，那就是所謂的「超道德」，是根本不存在的事物。如果你不願意服從於

任何標準，那麼無論同意與否，你都是在服從於否認一切道德的標準，這並非與道德無關，而是不道德的。它是一種消極的道德，保留了道德空虛的形式。但人們怎麼可能會相信生命的超道德呢？毫無疑問，那是因為所有的現代文化或文明都傾向於確立此種信念。歐洲如今已經在為其採取的精神措施吞嚥苦果了。她曾盲目地採用了一種看似華美的文化，但實際上卻缺少根基。

這篇文章嘗試著對某一特定類型的歐洲人做出速寫，主要透過分析他們對自己誕生於其中的文明所採取的行動。這麼做是非常必要的，因為此類個體無法創造出能與舊文明分庭抗禮的新文明，而僅僅只會採取一味否定的態度。因此，把他們的思想肖像與這一重大問題混為一談並不符合我們的目的，即回答現代歐洲文化的根本缺陷是什麼？很顯然，從長遠的角度來看，如今處於統治地位的人類形態正是起源自種種缺陷之中。

在以上長篇大論之外，這一重大問題勢必繼續存在。它的解決需要我們對人類現有的學說做更為詳細的展開呈現，但其中心思想已經交織、暗示、迴旋於本文之中。或許在不遠的將來，它將奏響振聾發聵的聲音。

電子書購買

爽讀 APP

國家圖書館出版品預行編目資料

大眾的反叛：奧特加的現代社會分析 / [西] 何塞·奧特加·加塞特（José Ortega y Gasset）著, 馬楠 譯 .-- 第一版 .-- 臺北市：崧燁文化事業有限公司, 2024.02
面；　公分
POD 版
譯自：La rebelión de las masas
ISBN 978-626-357-976-7(平裝)
1.CST: 奧特加 (Ortega y Gasset, Jose, 1883-1955) 2.CST: 政治思想 3.CST: 大眾行為
149.3　　113000271

大眾的反叛：奧特加的現代社會分析

臉書

作　　　者：[西] 何塞·奧特加·加塞特（José Ortega y Gasset）
翻　　　譯：馬楠
發 行 人：黃振庭
出 版 者：崧燁文化事業有限公司
發 行 者：崧燁文化事業有限公司
E - m a i l：sonbookservice@gmail.com
粉 絲 頁：https://www.facebook.com/sonbookss/
網　　　址：https://sonbook.net/
地　　　址：台北市中正區重慶南路一段六十一號八樓 815 室
Rm. 815, 8F., No.61, Sec. 1, Chongqing S. Rd., Zhongzheng Dist., Taipei City 100, Taiwan
電　　　話：(02) 2370-3310　　　傳　　　真：(02) 2388-1990
印　　　刷：京峯數位服務有限公司
律師顧問：廣華律師事務所 張珮琦律師

-版權聲明

定　　　價：299 元
發行日期：2024 年 02 月第一版
◎本書以 POD 印製
Design Assets from Freepik.com